Sonderausgabe VI.1940

Nicht für die Öffentlichkeit bestimmt!

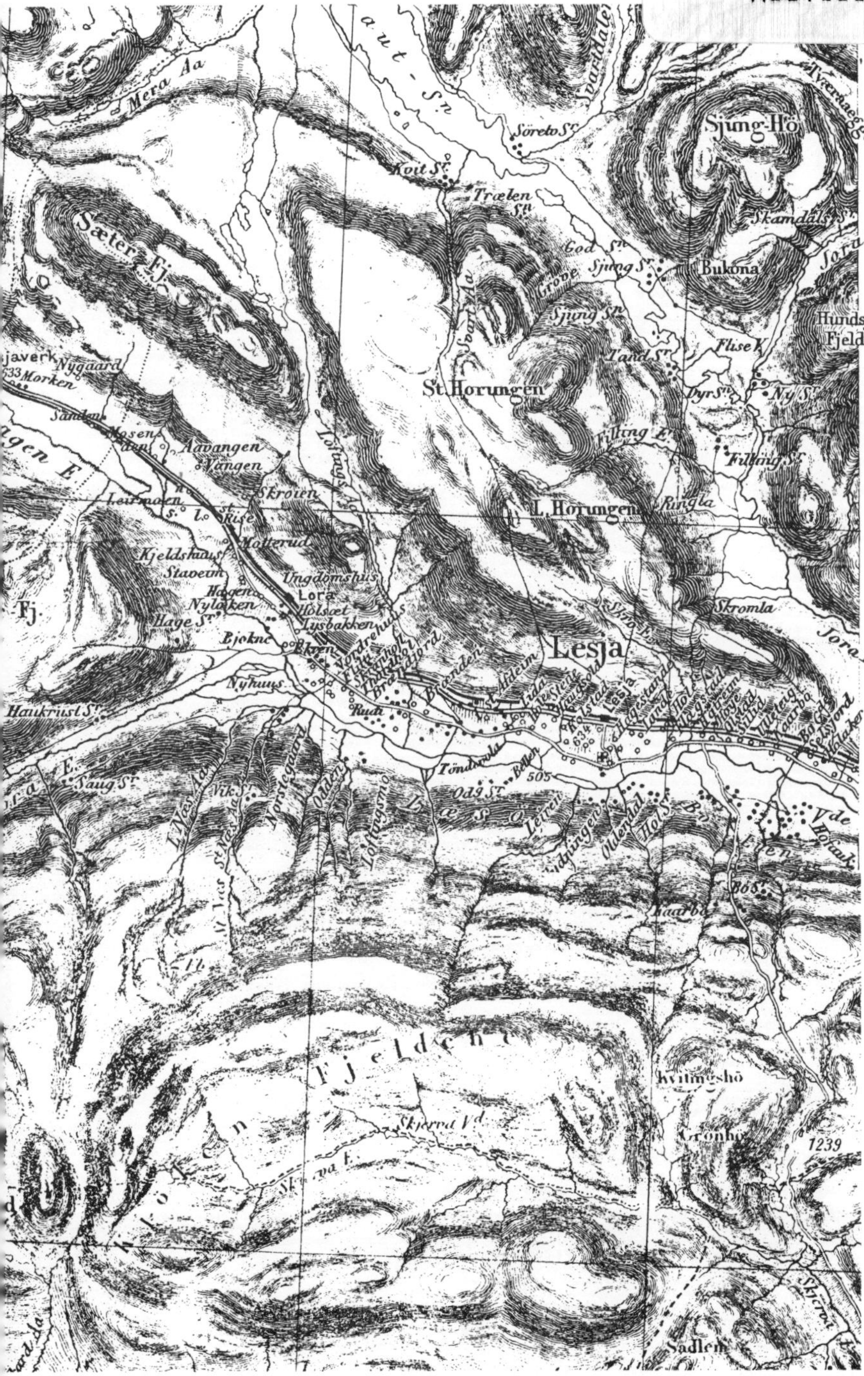

Die dramatische Geschichte der im April 1940 in den Bergen Norwegens abgeschossenen He 111

Knut A. Nilsen

Vermißt über Lesja

MOTORBUCH VERLAG STUTTGART

Einband und Schutzumschlag: Siegfried Horn

Copyright© by Gyldendal Norsk Forlag A/S 1979.
Die norwegische Ausgabe ist erschienen bei Gyldendal Norsk Forlag A/S, unter dem Titel:
»Heinkel savnet over Lesja.«

Die Übertragung ins Deutsche besorgte:
Dr. Kristi Nowak
Deutschsprachige Bearbeitung: Manfred Jäger †

Vorderer und hinterer Einband innen:
Die Deutschen waren gut vorbereitet, als sie Norwegen 1940 eroberten – und das Kartenmaterial für die Operationen war keine Ausnahme – selbst wenn man für Lesja um diese Zeit keine anderen Grundlagen hatte als die alten Amtskarten, die aus der Zeit um 1820 stammten. Mit Karten wie dieser machten sich die Überlebenden der 5J+CN zu Fuß vom Gebiet bei Digervarden ostwärts nach Dombås, an der Nordflanke des Kjølen-Berges, auf.

(Wiedergegeben mit Genehmigung des Norwegischen Kartografischen Instituts)

ISBN 3-613-01119-0

1. Auflage 1986
Copyright© by Motorbuch Verlag, Postfach 1370, 7000 Stuttgart 1. Eine Abteilung des Buch- und Verlagshauses Paul Pietsch GmbH & Co. KG.
Sämtliche Rechte der Verbreitung in deutscher Sprache – in jeglicher Form und Technik – sind vorbehalten.
Satz und Druck: Druckhaus Waiblingen, 7050 Waiblingen.
Printed in Germany.

Inhalt

Teil I – Der Tote bei der Brattmannhø   **7**
Drei Freunde bei einem Wrack   7
Vorspiel in Polen   10
Ein Flugzeug verschwindet   21
Ein Toter lag da   29
Die ›Gladiator‹ kommen   37
Morgen wird Willy einen Brief schreiben   43
Der letzte Feindflug   49
Ein Andenken für Leutnant Collett   63
Ein kalter Marsch   67
Rekrut Hansen studiert Spuren   78
Ein Gedenkblatt von Lora   85
Nach Åndalsnes   91
Staffelkapitän Leythäuser schreibt vier Briefe   96
Wir bedauern, Ihnen mitteilen zu müssen . . .   99

Teil II – Puzzlespiel   **100**
Ein Paar schöne Stiefel   100
Eine hoffnungslose Aufgabe?   103
Ein altes Bild taucht auf   109
Wo waren die drei jetzt?   113
5J+CN entsteht von neuem   117
Die letzten Steine   126

Teil III – Wer warst du, Willy Stock?   **131**
»Die Reihen fest geschlossen«   131
Der alte Mann in Rinteln   135
Ein Freund von Willy   143
Anneliese   148
Epilog   155
Quellen   159

Für Anneliese

Teil I – Der Tote bei der Brattmannhø

Drei Freunde bei einem Wrack

FEBRUAR 1969

Wir waren drei Freunde, die von Westen kamen. Nachdem wir uns mit einem stürmischen Wind in den Bergen drüben beim Tors-See herumgeschlagen hatten, hatten wir es aufgegeben, weiter nach Tafjord zu fahren, wie wir es geplant hatten.

Jetzt suchten wir ostwärts nach weniger grimmigem Wetter. Eine Rucksacktour darf schon ein wenig rauh sein, aber alles hat seine Grenzen. Letzte Nacht war das Zelt in Fetzen geblasen worden, wir waren gegen vier Uhr morgens mit den Stoffresten um das Gesicht aufgewacht.

Nun ist es gut, während das Unwetter nachläßt, das Band zu erklettern, das das wilde Skarvetal in zwei Hälften teilt, und das Fünfergespann aus Grönlandhunden im leichten Trab den schwach geneigten Kamm entlang nach dem Lortal laufen zu lassen.

Und hier bin ich auf bekanntem Gebiet: Vor fünf Jahren war ich zum ersten Mal mit dem Hundegespann auf einer weiten Reise hierher gekommen. Später hatte das Geld für eine Hütte zwischen Nysetra und Storsetra gelangt.

Wir nehmen Kurs direkt auf die Hütte zu und haben Gelegenheit, unsere Expedition zu reorganisieren, die etwas von Frost und Wind mitgenommen ist. Februar ist nun einmal nicht Ostern.

Am nächsten Morgen ist die Sonne heiter und der Himmel blau, es ist ein Morgen, der aussieht als ob ein ganz verrückter Konditor früh auf den Beinen gewesen wäre: Die Berge glänzen alle wie frisch geschlagene Sahne.

Wir ziehen hinauf in die Höhen nördlich der Hütte. Der Besitzer der Nachbarhütte hatte mir einmal von einem geheimnisvollen

Wrack erzählt, das da drinnen im Gebirge liegt – zwischen Brattmannhø und Digervarden.

Wir haben den Großteil der Ausrüstung vom Schlitten heruntergenommen, und die Hunde machen gute Fahrt auf einer großartigen Morgenspur. Sie rennen die Aufstiege hinauf – die wirklich schwer genug sind: Digervarden liegt auf gut 1700 Meter. Wir haben uns mit dem Kompaß orientiert und ziehen jetzt hinüber zu einer kleinen Bergschulter südöstlich von Digervarden. Und dann erkennen wir undeutlich ein dunkles Profil gegen den Horizont da oben.

»Kommt, Jungs! Zieht, ah, strengt Euch an, ja!« Die Hunde verstehen, daß etwas besonderes los ist, und in fliegender Fahrt überqueren wir den weiten Gjelåbotn und steigen den sanften Berghang auf der anderen Seite hinauf.

Kurz darauf stehen wir unterhalb des Seitenruders eines halb eingeschneiten Flugzeuges.

Es herrscht eine unwirkliche Stimmung.

Unter dem Himmelsgewölbe segelt das eine oder andere Wölkchen, nur weit im Süden stehen Tverådalskyrkja und Hestbrepiggan und mühen sich mit den Resten des gestrigen Tiefdrucks ab.

Dann gehen wir prüfend einen düsteren grauen Flugzeugrücken entlang. Wir fegen die Schneewehen von den breiten Tragflächen. Schwarzweiße Balkenkreuze kommen zum Vorschein. Die Kanzelnase grinst wie ein Skelett. Das ganze Plexiglas ist weg, der Rumpf ist voller Schnee.

So standen wir drei Kameraden, wir waren vielleicht nicht viel älter als die, die einmal mit diesem Flugzeug heruntergekommen waren. Wir sagten wohl nicht viel, aber eine ferne Vergangenheit, von der wir selbst kaum etwas kennen, kam uns nahe.

Wie genau erinnere ich mich an das, woran ich dachte, als wir uns mit der Schneeschaufel hinunter durch den Bordschützenstand gruben?

Vielleicht das: Drei Jungen, auf einer sorglosen Tour – ein niedergeblasenes Zelt gehört nicht zu den schlimmsten Unglücken – wir wissen, daß wir leben werden, denn keiner hat uns befohlen, in einen Krieg zu ziehen, und dieses Leben ist ganz herrlich an einem Tag wie diesem. Wir setzen den Primuskocher in ein Schneeloch und kochen uns Tee, wir blinzeln gegen die Sonne, die fast wärmt, und lassen den Schnee von den Stiefelspitzen schmelzen, während die Skier gegen den dunklen Flugzeugrumpf gelehnt trocknen. Der Duft des Teers gegen ein verwittertes Hakenkreuz . . .

An einem Tag lange her, da sind ein paar andere Jungs, einem damals feindlichen Land angehörig, einem Feind, in diesem Flugzeug gewesen und haben eine Wirklichkeit erlebt, die anders war als die unsrige. Kann ein Gedanke dreißig Jahre in die Zeit zurück Brücken zu drei, vier Unbekannten in unserem eigenen Alter schlagen? Wenn ja, dann tut er das, denn wir stehen und fühlen, daß der Wind auf einmal kälter bläst, hier oben in 1600 Meter Höhe.

Niemand hatte sie gebeten zu kommen, und sie trugen eine Uniform, die Furcht und Schrecken weckte. Und diese Flugzeuge wurden gegen Menschen eingesetzt, die nichts anderes wollten als mit ihrem Besitz und ihrer Familie in Frieden zu leben. Hätten diese unbekannten jungen Leute, wenn sie eine wirkliche Wahl gehabt hätten, ihr Schicksal an einen kalten Metallrumpf gekettet, der gebaut worden war, um zu töten? Hätten sie sich weigern können? Und was dann? Oder gingen sie singend in den Krieg, weil sie wußten, daß sie für die deutsche Luftwaffe, die stärkste der Welt, flogen? Wer waren sie, die einst mit diesem Todesvogel hier herunterkamen?

Vorspiel in Polen

1. SEPTEMBER 1939

Es ist 5 Uhr 30. Vor einer Dreiviertelstunde haben Wehrmachtseinheiten die deutsch-polnische Grenze überquert. Der zweite Weltkrieg hat begonnen.

Auf dem Feldflugplatz Oels bei Breslau zieht eine dunkelblaue Morgendämmerung über dichtem Nebel herauf. Unteroffizier Günther Hölscher und seine Besatzung sitzen in ihrer Heinkel und warten auf den Startbefehl. Die drei anderen sind Gotthold Klenk auf dem Pilotensitz, der Funker Karl Stolz und der Bordmechaniker Willy Stock.

Rund um ihre eigene Maschine stehen die anderen Flugzeuge der II. Gruppe, Kampfgeschwader 4 »General Wever« – nach dem ersten Generalstabschef der jungen Luftwaffe benannt.

Alle Flugzeuge haben die Motoren angelassen, jede Maschine ist mit zwanzig 50 kg Sprengbomben beladen. Der Befehl lautet: den Flugplatz Lemberg (Lwów) angreifen und die Maschinen der Polen zerstören, bevor sie starten können. Seit sechs Tagen ist das KG 4 in höchster Alarmbereitschaft. Was Hitler unter dem Decknamen »Operation Ostmarkflug« beschlossen hatte, hätte früh am Morgen des 28. August anlaufen sollen, aber im letzten Augenblick waren Gegenbefehle aus dem Führerhauptquartier gekommen: Die Lösung der polnischen Frage sollte verschoben werden. Sechs Tage Warten, während ständig neue Kräfte an die deutsch-polnische Grenze rückten.

Nicht nur der II. Gruppe war das Warten endlos erschienen. In dieser Nacht stehen 897 Bomber, 210 Jäger und 474 Aufklärer und Transporter bereit, um das Land dort im Osten anzugreifen.

Keiner von den Vieren an Bord der 5J+EN sagt etwas. Der muntere Ton, der so oft geherrscht hatte, während sie ausgebildet wurden und Übungsbomben aus Zement benutzten, ist jetzt verschwunden.

Die Vier sitzen in ihre eigenen Gedanken versunken, mit der bohrenden Frage: Was werden die nächsten Stunden und Tage bringen?

Da sind sie nun, die zwanzigjährigen Gotthold und Günther;

10

Willy und Karl sind beide mit ihren 26 Jahren schon fast als »alte Leute« anzusehen.

Die Motoren mahlen monoton im Leerlauf. Nur das matte Licht von den Instrumenten wirft einen gespenstischen Schimmer über die jungen Gesichter. Jeder ist vertieft in seine eigenen Gedanken. Das kurze Leben, das in schnellen Bildern vorbeihuscht. Eine flimmernde Rückschau: glückliche Jugendjahre, die Kameraden, die Familie, vielleicht ein Mädchen. Die Ausbildungszeit, der Stolz auf den Fliegeradler auf der blaugrauen Uniform.

Jetzt: der Ernst. Sie sollen in den Krieg ziehen. »Polen bedroht das Vaterland«, hatte es geheißen.

Günther hat ein komisches Gefühl im Magen. Flau irgendwie. Später wird er erfahren, daß es die Angst ist, die sich auf diese Weise festbeißt. Der Angriff wird verschoben. Es ist nicht möglich, in so dichtem Nebel in Formation zu starten. Sie stellen die Motoren ab, kriechen aus den Flugzeugen heraus. Jetzt kommt das Warten auf eine neue Stunde.

Um 10 Uhr hat sich der Nebel etwas gehoben, der Start kann erfolgen. Die II. Gruppe donnert südostwärts, an Rosenberg, Tschenstochau, Krakau, Przemysl vorbei. Sie fliegen in einer Höhe von 2500 Metern, über den Wolken. Vor Lemberg muß die Formation durch die Wolkendecke tauchen, weil die Bomben nur abgeworfen werden können, wenn freie Sicht hinunter zum Ziel ist. Außerdem müssen Gotthold und Günther Bodenkontakt haben, um die Abdrift berechnen zu können. Als Kommandant hat Günther die Aufgabe, das Bomben-Zielgerät ganz vorne in der Glasnase der Heinkel zu bedienen.

Als die 5J+EN aus den Wolken herauskommt, sind die 30 Flugzeuge über den ganzen Horizont verstreut. Befehle zum Aufschließen kommen, und bald haben sich die Maschinen zu Formationen von je drei Flugzeugen gruppiert. Die Maschinen der einzelnen Staffeln fliegen nicht mehr zusammen, wie es üblich ist. Neben ihrer eigenen 5J+EN von der 5. Staffel fliegt eine Maschine der 4. und eine der 6. Staffel.

Günther stellt fest, daß seine Maschine rechts in der letzten Formation fliegt, hinter ihnen ist der Luftraum leer.

Sie fliegen in einer Höhe von 1700 Metern, die Wolkendecke ist niedrig und sie müssen sich an der Wolkenuntergrenze halten.

Der Flughafen von Lemberg kommt in Sicht. Günther schaltet den Bombenauslösungsmechanismus ein und öffnet den Bombenschacht unter dem Rumpf. Er liegt hinter der Zielvorrichtung und kontrolliert noch einmal Windstärke und Windrichtung. Gotthold hat die Maschine auf festen Kurs gesetzt, er muß Richtung und Höhe genau halten, bis die Bomben fallen. Nur auf diese Weise können sie sicher sein, daß die Bomben das Ziel treffen. Sie sehen, daß die Bomben des Flugzeugs vor ihnen in der Tiefe verschwinden. Günther macht sich bereit, selbst auf den Auslöser zu drücken.

Plötzlich zeigt Gotthold auf kleine, schwarze Wolken, die in der Luft um sie herum hängen. Das kann nur eins bedeuten: Die Formation wird durch Flak beschossen. Aber die jungen Männer haben jetzt keine Zeit, daran zu denken. Auch als sie einen leichten Stoß im Rumpf bemerken, denken sie nicht mehr daran.

Nachdem die Bomben abgeworfen sind, drehen sie in Richtung Südwest ab. Der Rückflug soll über die Karpathen und die Slowakei gehen, über freundlich eingestelltes Gebiet. Dann aber bemerken sie, daß die Maschinen vor ihnen schneller sind, sie ziehen davon und sind bald außer Sichtweite. Gotthold stellt fest, daß der Öldruck fällt und daß es ihm nicht gelingt, die Drehzahl für die normale Fluggeschwindigkeit zu halten. Die Motoren reagieren nicht mehr, auch wenn er die linke Hand noch so fest gegen die Gashebel drückt.

»Wir kommen nicht über die Karpathen, wenn Du die Höhe nicht hältst!« ruft Günther zu Gotthold.

»Ich glaube nicht, daß ich das schaffe«, gibt Gotthold zurück. Er hält die Maschine so, daß das Variometer auf Null stehenbleibt, aber auch das geht nur einige Sekunden gut: Plötzlich kippt die Maschine auf die Seite und fängt an zu trudeln. Gotthold versucht verzweifelt, aus dem Spin herauszukommen. Aber es gelingt ihm nicht, die Vier an Bord werden wild umhergeschleudert. Bald ist es der Himmel, bald der Boden, den sie über sich sehen. Sie haben schon alle Hoffnung aufgegeben und sind bereits daran, auszusteigen, als es Gotthold – mit völlig zufälligen Bewegungen des Steuerknüppels – gelingt, das Flugzeug in die normale Fluglage zurückzubringen. Wie er das geschafft hat, kann er nachher nicht mehr sagen. Im Sturz haben sie beträchtlich an Höhe verloren und sind jetzt nur noch 300 Meter über dem Boden. Gotthold versucht noch einmal, die 5J+EN auf eine ausreichende Geschwindigkeit zu bringen, aber der Boden kommt immer näher.

Die Ausläufer der Karpathen kommen ihnen entgegen, es ist kein Gedanke an ein Hinüberkommen, und sie entschließen sich zu einer

12

Notlandung. Die Maschine streicht tief über ein Dorf hinweg, bevor sie in einem Kartoffelfeld eine Bauchlandung macht. Da ist der Wald, nur einige hundert Meter weiter vorne.

Die Männer hatten die Sicherheitsgurte strammgezogen, aber trotzdem schlagen sie heftig gegen die Gurte, als die Propellerblätter gegen die Ackerfurchen stoßen. Die Plexiglasnase wird zerschmettert, Erde, Steine und Kartoffeln fliegen den beiden in der Kanzel um die Ohren. Sie versuchen sich mit den Armen zu decken. Nach einer Rutschpartie von 50 Metern ist die Fahrt zu Ende, alle vier springen aus dem Flugzeug heraus und laufen in Sicherheit. Sie warten darauf, daß die Benzintanks jeden Augenblick explodieren, aber nichts geschieht. Nachdem die Staubwolke sich gelegt hat, gehen sie zurück zur Maschine – und werden sich plötzlich eiskalt klar darüber, daß sie hilflos mitten in feindlichem Gebiet stehen. Dorfbewohner kommen angelaufen, die Vier drohen mit ihren Pistolen, die Polen zögern.

Für einen solchen Fall hat die Mannschaft den Befehl, ihr Flugzeug zu vernichten. Aber in einer solchen Zerstörung haben sie keine Übung. Sie versuchen es mehrmals mit Streichhölzern, aber es gelingt ihnen nicht, das Flugzeug in Brand zu setzen. Karl hat in der Zwischenzeit die Karten zu einem Haufen zusammengelegt und sie angezündet. Die Karten sind höchst geheim – deutsche Karten für polnisches Gebiet, auffallend reich detailliert. Günther bemerkt, daß Benzin aus einem der Motoren tropft, nimmt den brennenden Kartenhaufen und legt ihn unter das tropfende Benzin. Das flammt auf, der Motor gerät in Brand. Rasch schrauben sie ein Maschinengewehr los, schnell raffen sie etwas Munition zusammen und setzen sich in den Wald ab. Die Dorfbewohner haben ständig drohendere Mienen gemacht, einige sind mit Jagdgewehren aufgetaucht. Dennoch wagen sie nicht, anzugreifen. Das Maschinengewehr muß abschreckend auf sie gewirkt haben. Nach einem einstündigen Marsch in den Wald hinein machen die Vier eine Pause und haben zum ersten Mal Gelegenheit, die alles andere als erfreuliche Situation zu besprechen, in die sie geraten sind. Die drohende Haltung der Polen hat deutlich gezeigt, was sie von der Anwesenheit der Deutschen halten.

»Wir sind um 13 Uhr 30 notgelandet, und soweit ich aus der Karte sehen kann, sind wir nicht weit von Sambor. Wir haben einen Weg von 80 bis 100 Kilometer vor uns, wenn wir die Slowakei erreichen wollen«, sagt Günther. »Wir sind verdammt schlecht dran.«

In der Ferne hören sie jetzt Stimmen, bellende Hunde, Kommandorufe.

Sie brechen schnell auf, verschwinden in das immer dichtere Unterholz hinein. Die Stimmen und das Hundegebell kommen näher, jetzt können sie die einzelnen Stimmen unterscheiden, aber sie verstehen die polnischen Kommandos nicht. »Nach dem Lärm zu urteilen, müssen mindestens hundert Mann hinter uns sein«, ruft Karl außer Atem.

»Wir haben keine Chance durchzukommen. Macht die Waffen unbrauchbar, wir können nichts anderes tun, als uns zu ergeben«, befiehlt Günther.

Sie werfen die Waffen in ein Gebüsch hinein, kriechen aus dem Gestrüpp heraus. Im Nu sind sie von Polizei, Soldaten und Jägern umringt. Die deutschen Flieger werden geschlagen und gefesselt. Die Hoheitsadler werden ihnen von den Uniformen gerissen.

Es ist schon spät am Nachmittag, als die Vier zu den Überresten ihres Flugzeuges geführt werden. Kurz nachdem sie sich in den Wald davongemacht hatten, hatten sie zwei Explosionen gehört; das mußten die Benzintanks gewesen sein, die in die Luft gegangen waren. Jetzt bekommen sie zu sehen, was von der 5J+EN übriggeblieben ist: ein Haufen grauer Asche deckt die Erde. Der ganze Leichtmetallkörper ist ausgebrannt, das einzige, was übriggeblieben ist, sind die Motorblöcke und das Seitenruder mit dem Hakenkreuz darauf.

Günther, Gotthold, Karl und Willy werden zu einem Lastwagen geschleppt, mit Handschellen gefesselt und nach Przemysl gefahren. Dort werden sie mehrmals verhört. Die Offiziere bieten ihnen Zigaretten an, aber jedes Mal, wenn man sie in ein neues Gebäude führt, werden sie von den Soldaten geschlagen. Am Tag danach, am 2. September, bekommen die Flieger eine Wache von vier Mann; von einem alten Unteroffizier angeführt, marschieren sie in Richtung Warschau, das 380 Kilometer weiter nördlich liegt.

Später schreibt Günther Hölscher in seinem Tagebuch: »Keiner der Soldaten redete mit uns. Wir waren die ganze Zeit mit Handschellen aneinandergekettet. Vorne Gotthold und ich, hinter uns Karl und Willy. Zwischen uns war eine Kette, die so kurz war, daß wir im Gleichschritt gehen mußten. Wir marschierten oder fuhren ab und zu mit der Eisenbahn oder einem Lastwagen. Der Weg war sehr lang. Als wir zu einem Punkt kamen, wo die Eisenbahn zerstört war, mußten wir zu Fuß weitergehen. Das war das Schlimmste, denn

14

wenn wir durch dichtbesiedeltes Gebiet gingen, wurden wir angespuckt oder geschlagen. Die vier Mann starke Wache war nicht in der Lage, uns zu beschützen – und sie hatten vermutlich auch keine Lust dazu . . .

. . . Am 4. September kommen wir in Radom an. Man verhört uns noch einmal, und nachts werden wir im Gefängnis der Stadt eingeschlossen. Bevor wir uns niederlegen, müssen wir die Uniformen im Korridor ausziehen und werden in der Unterwäsche in eine Zelle gesperrt. Kurz danach kommt ein Priester zu uns in die Zelle. Wir sind ganz sicher, daß er kommt, um uns die letzte Ölung zu geben, aber stattdessen fängt er an, uns zu beschimpfen. Da wir nicht antworten, verschwindet er wieder.

Am nächsten Morgen bekommen wir den Befehl, uns die Uniformen vor der Zelle zu holen. Als wir uns bücken, um die Kleider aufzuheben, fliegen die anderen Zellentüren auf und die übrigen Gefangenen stürzen sich mit Stöcken auf uns. Es kommt zu einer riesigen Schlägerei. Wir sammeln schnell unsere Kleider, laufen in die Zelle zurück, und schaffen es, die Tür zuzudrücken. Während einer sich anzieht, halten die anderen drei die Tür zu, bis unsere Bewacher draußen auftauchen und uns aus dem Gefängnis hinausbringen.

Auf dem Bahnhof in Radom werden wir in einem Geräteschuppen eingesperrt. Wir sind nicht lange im Schuppen, als die Sirenen Fliegeralarm ankündigen. Der Bahnhof wird bombardiert. Die Bomben fallen dicht beisammen, die Dampflokomotiven werden getroffen, der Dampf strömt mit kreischendem Zischen aus. Unser Geräteschuppen zittert, und Bombensplitter schlagen durch die dünnen Bretterwände. Wir können nur hoffen, nicht getroffen zu werden. Eine halbe Stunde nach dem Angriff holt uns der Anführer der Wache aus dem Schuppen heraus. Vor der Tür liegen zwei der Wachsoldaten, durch Bomben ums Leben gekommen. Mit den zwei überlebenden Soldaten und dem alten Unteroffizier laufen wir die Eisenbahnschienen entlang aus Radom hinaus. Der Anführer befiehlt uns, die Uniformjacken und Mützen auszuziehen, damit wir nicht als Deutsche erkannt werden. Wir bewegen uns über eine Stunde lang, meist im Laufschritt, die Eisenbahnlinie entlang, bis wir in Sicherheit außerhalb der Stadt sind. Während einer Pause spricht der Unteroffizier deutsch mit uns und erklärt, daß er den Auftrag hat, uns lebend nach Warschau zu bringen. Er erzählt, daß er gerade an seinem dritten Krieg teilnehme. Der erste, 1914–18, auf der Seite Österreichs, der zweite 1920 gegen die Sowjetunion und jetzt der dritte, gegen die Deutschen. Er sei ein alter Mann, der nicht mehr viel vom Leben erwarte, aber diesen Auftrag wolle er noch ausführen und uns so gut wie möglich beschützen.

Dann finden wir eine Draisine, die uns voranbringt, und fahren die zerbombte Eisenbahnlinie entlang so gut es geht. Oft müssen wir die Draisine über Bombenkrater heben. Schließlich erreichen wir einen Zug, unser polnischer Wächter zwingt den Lokführer, uns mitzunehmen. Der Zug muß nach kurzer Zeit vor einem neuen Krater anhalten, und jetzt geht wieder die Hölle los: Deutsche Flugzeuge bombardieren den Zug. Aber wie durch ein Wunder wird unser Wagen verschont. Wir laufen davon – und bemerken, daß der Hügel voll polnischer Soldaten ist, die nach dem ersten Angriff unserer Flugzeuge Deckung in den Wagen gesucht hatten. Die angreifenden Staffeln werfen jetzt die Bomben schräg zur Bahnlinie. Bombardieren ist mein Beruf, und ich weiß, daß wir liegen bleiben können, wenn die Flugzeuge die Bomben direkt über unseren Köpfen auslösen. Klinken sie dagegen die Bomben aus, während sie auf uns zu fliegen, dann laufen wir seitlich weg, um nicht getroffen zu werden. Die polnischen Soldaten um uns herum nehmen sich an uns ein Beispiel, und dadurch muß es von der Luft aussehen, als ob es hier unten buchstäblich von Soldaten wimmelt. Die Flugzeuge machen einen großen Bogen und kommen im Tiefflug zurück, um den Hügel mit Maschinengewehren zu bestreichen.

Wir suchen Deckung, so gut wir können, und bemerken, daß die Maschinen, die über unsere Köpfe donnern, zu unserem eigenen Geschwader »General Wever« gehören, ja, mehrere sind sogar von unserer eigenen Staffel, wir erkennen die Gesichter der Kameraden dort hinter dem Plexiglas.

Am 5. September treffen wir in der polnischen Haupstadt ein und werden zusammen mit mehreren anderen Deutschen zu einem Sammellager geführt.

Trotzdem sollten wir nicht lange in Warschau bleiben. Am 6. September sind deutsche Kanonen rund um die Hauptstadt zu hören. In der Nacht vom 7. September werden wir aus der Stadt hinaus und über die Weichsel bis zur Vorstadt Praga östlich der Stadt geführt. Selbst mitten in der Nacht ist die Ausfallstraße nach Osten voller Menschen und Fahrzeuge. Es ist eine breite vierspurige Straße mit zwei Straßenbahngleisen in der Mitte. Hier und dort sind Straßensperren errichtet, die nur einen schmalen Durchlaß für die Straßenbahn haben. Durch diese Öffnungen drängen sich jetzt Leute und

Fahrzeuge, ohne Rücksicht aufeinander zu nehmen. Tote liegen um uns herum, und überfahrene Menschen, die noch leben, versuchen zur Seite zu kriechen. Als Gefangene können wir nicht helfen, wir werden immer weitergetrieben.

Aber in dieser Nacht erlebe ich, daß Panik Menschen zu Tieren machen kann.

Auf dem Weg weiter ostwärts gehen wir mit immer mehr Jungen, jünger als wir selbst, zusammen. Sie sollen zu einem Sammelplatz für Reservisten. In der Nacht vom 8. September marschieren wir mit unseren Bewachern in Richtung Siedlce. Kurz vor Morgengrauen sind wir noch 6 bis 8 Kilometer von der Stadt entfernt. Da taucht ein deutscher Aufklärer über unseren Köpfen auf. Ich sage zu dem deutschen Soldaten, der neben mir geht:

»Jetzt dauert es nicht mehr lange, bis wir sie hier haben!« Und bevor wir noch in die Stadt eingerückt sind, wird sie mit einem dichten Bombenteppich belegt. Wir können die Bombardierung aus kürzester Entfernung beobachten. Als der Angriff vorbei ist, treiben uns die Bewacher durch die ausgebombte Stadt – die als Sammelplatz für die Reservisten dienen sollte. Zum Glück für uns Gefangene ist nur noch Sanitätspersonal in der Stadt – alle Einwohner sind geflüchtet. Aber hier sehen wir zum ersten Mal, was Sprengbomben gegen Menschenkörper ausrichten können. Wir sehen eingestürzte Häuser, Menschen, die in den Ruinen liegen, Verstümmelte, die schreien, Frauen, Kleinkinder. Menschen, die nicht schnell genug aus der Stadt herausgekommen waren.

Ich übergebe mich.

Wir sind erleichtert, als wir Siedlce hinter uns gelassen haben. Wenn die Einwohner sich nicht aus Angst weit in den Wald hinein geflüchtet hätten, wären wir nicht lebend aus dieser Stadt herausgekommen. Dann hätte der Haß gegen die Deutschen uns das Leben gekostet.

Im Laufe der nächsten Tage erreichen wir Brest-Litowsk. Hier kommen noch einige deutsche Gefangene dazu, sodaß wir in der Zwischenzeit 62 geworden sind, die weiter ostwärts ziehen.

Einmal werden wir für die Nacht in eine verlassene Schule einquartiert. Ich erwische eine Landkarte und verschaffe mir Klarheit darüber, wo wir sind. Weiter, immer weiter: Kobrin, Pinsk, Luninez, Sarny und zuletzt Rokitno – eine Stadt in dem Sumpfgebiet mit dem gleichen Namen. Wir sind nahe an der russischen Grenze, weiter nach Osten können die Polen uns nicht mehr führen. Sie sagen uns, daß wir hier bleiben sollen, bis der Krieg vorbei ist. So werden wir in ein Gebäude einer Kavallerie-Kaserne gebracht. Wir landen im Schlafsaal neben den Toiletten und werden dort eingeschlossen und unter Bewachung gestellt.

Der 16. September beginnt wie ein gewöhnlicher Tag im Gefangenenlager. Befehle werden verlesen und Lagervorschriften werden bekanntgegeben. Sogar ein Dolmetscher ist da. Essen wird ausgeteilt, und wir dürfen uns am Brunnen waschen.

Am 17. September ist es plötzlich anders. Wir dürfen das Gebäude nicht verlassen, dürfen uns nicht waschen und bekommen auch kein Essen. Die Polen laufen unruhig im Gebäude umher, sie wirken aufgeregt, scheinen damit beschäftigt zu sein, etwas zu verbrennen. Abgesehen von einigen, die am Fenster stehen und Ausschau halten, liegen die Kriegsgefangenen auf den Pritschen und dösen vor sich hin – auf diese Weise hält man das Hungergefühl besser aus.

Plötzlich fallen Schüsse, die Fensterscheiben klirren, Explosionen dröhnen und alle Gefangenen im Zimmer versuchen Deckung zu finden. Das Gebäude fängt an zu brennen, Verletzte stöhnen. Aber genauso schnell wie der Krach begonnen hatte, ist es draußen wieder still geworden. Die Polen hatten Handgranaten in das Zimmer geworfen. Wir brechen die Türen auf, flüchten hinaus ins Freie und können auf diese Weise die Verletzten retten. Wir erwarten, daß die Polen da draußen hinter Maschinengewehren liegen, um uns abzuknallen, aber kein Mensch ist zu sehen. Die Verletzten werden so weit verbunden, wie wir Verbandspäckchen haben. In aller Eile werden Bahren gemacht, die Verletzten werden daraufgelegt. Von einem Gartenzaun reißen wir Latten ab, die wir als Waffen mitnehmen, und vorsichtig setzt sich der Zug gegen Rokitno zu in Bewegung. Niemand hält uns auf, die Stadt wirkt tot. Wir wissen, daß die Grenze nur zwanzig Kilometer weiter östlich ist und wir wenden uns dorthin. Wegen der Bahren, die wir dabei haben, geht es nur langsam vorwärts. Die ganze Zeit schicken wir Spähtrupps voraus. Ein polnischer Bauer, der seine Rinderherde in den Wald getrieben hatte, bekommt den Befehl, uns den Weg zur Grenze zu zeigen. Er wagt es nicht, sich zu weigern und kommt mit.

Gegen 20 Uhr sehen wir die breite Grenzschneise im Wald – mit den rot-weißen Grenzpfählen auf unserer Seite und den roten Pfählen auf der anderen. Wir laufen alle zusammen hinüber, niemand versucht, uns daran zu hindern: Das Gebiet ist wie ausgestorben.

Ein gutes Stück auf der russischen Seite stoßen wir auf einen Weg mit Spuren von vielen Hufeisen. Wir verfolgen diesen Weg nach Norden, und bekommen nach einer Stunde ein Lagertor aus Birkenstämmen, mit einem roten Sowjetstern darüber, zu Gesicht.

Wir erfahren, daß die Russen am gleichen Tag in Polen einmarschiert waren. Aber am nächsten Tag werden wir in zwei Wagen eines langen Güterzuges gesteckt, der mit gefangenen polnischen Soldaten vollgestopft ist. Drei Tage und drei Nächte lang geht die Fahrt ostwärts in Richtung Kiew. Der Zug hält oft, um russische Militärzüge vorbeizulassen, die nach Westen rollen. Bei jedem Halt, wenn die Türen unserer zwei Wagen aufgemacht werden, verlangen wir Kontakt mit unserer Botschaft. Solange wir mit diesem Zug fuhren, haben wir nie gesehen, daß die Wagen der Polen aufgemacht wurden oder ob sie etwas zu essen bekamen.

Am Abend des dritten Tages dürfen wir aus dem Zug aussteigen und werden in ein Blockhaus neben einem Sägewerk gebracht. Hier gibt man uns Kojen zum Schlafen, wir bekommen etwas zu essen und können uns auch waschen.

Am anderen Morgen stehen zwei Lastwagen bereit, sie fahren uns zu einem Militärlager in Schitomir. Hier bekommen wir eine ordentliche Mahlzeit in der Kantine. Es hat ernsthaft angefangen, herbstlich zu werden, und jeder von uns bekommt einen Mantel oder eine wattierte Jacke für die Rückreise. Wir fahren nach Westen in einer Kolonne, die aus einem Personenwagen und drei kleinen Bussen besteht, während ein Lastwagen Proviant mitführt.

Bertitschew, Winniza, Wolotschisk, Tarnopol, Lemberg, Przemysl. Dieses Mal weht die Fahne mit Hammer und Sichel über der Stadt. Auf den Busdächern liegen russische Soldaten mit Maschinengewehren – gegen Partisanen.

Am 3. Oktober stellen wir uns zum letzten Mal in Reih und Glied auf, und so werden wir den deutschen Truppen übergeben. Ein deutscher General nimmt uns in Empfang, verspricht uns alle mögliche Hilfe. Wir dürfen nach Hause telefonieren, bekommen saubere neue Uniformen.

Die Heimreise beginnt. Zuerst mit einem Lazarettzug nach Krakau, dann mit dem Flugzeug nach Berlin. Dort erwarten uns neue Vernehmungen: »Was haben Sie in Rußland gesehen?«

Schließlich kommt der Tag, an dem ein Kurierflugzeug unserer eigenen Abteilung uns nach Erfurt holt, wo der Friedens-Standort unserer Gruppe ist. Aber aus einer Reise nach Hause wird dieses Mal nichts: Die Gruppe ist in der Zwischenzeit nach Faßberg in der Lüneburger Heide verlegt worden, und wir werden direkt weiter dorthin geflogen.«

In Faßberg werden die Vier, als sie aus der Ju 52 aussteigen, wie Kriegshelden empfangen. Geschwaderkommodore und Gruppenkommandeur haben sich eingefunden, sie schütteln ihnen die Hand. Staffelkapitän Leythäuser führt sie zur Kaserne hinüber, die ganze Staffel ist angetreten, um sie willkommen zu heißen. Dann bekommen sie einen zweiwöchigen Urlaub.

Ein Flugzeug verschwindet

Im Krieg, da muß man vielleicht sterben. Dessen war sich der 11jährige Øystein sicher. Es gab nur wenige, die in dieser Zeit in Lesjaskog ein Radio hatten, aber Øysteins Vater war ständig bei einem Nachbarn und hörte die Nachrichten in den ersten Tagen des April 1940.

Als er nach Hause kam, war er ernst. Aus dem, worüber die Erwachsenen sprachen, entnahm Øystein, daß es wohl auch in Norwegen zum Krieg kommen würde. Er hatte einiges über Polen gehört, von deutschen Bomberflügen, von Tausenden, die getötet worden waren. Jetzt schien es ihm, als ob etwas Unheimliches herangeschlichen käme.

Am 9. April kam der Schulbus von Lesjaverk wie gewöhnlich. Aber als er draußen bei Øystein anhielt, sprang einer der Freunde heraus und rief:

»Jetzt gibt's Krieg in Norwegen, Leut'!«

Øystein fühlte einen Kloß im Magen.

Im Schulzimmer bekamen es die Kinder mit der Angst zu tun. Die ganze Zeit flogen Flugzeuge über die Ortschaft. Aber das Fräulein sagte, daß die Kinder sich nicht zu fürchten brauchten. Es waren doch nur die Engländer, die kamen, um gegen die Deutschen zu helfen! Aber sie sahen bald, daß es wohl doch nicht die Engländer waren. Weil die Flugzeuge so niedrig flogen, daß man die schwarzen Balkenkreuze an den Flügeln sehen konnte.

Tag um Tag flogen Schwärme von Flugzeugen nach Norden. Immer nach Norden. Im Dorf gingen Schreckensnachrichten um über das, was unten in Südostnorwegen geschah. Lesja schwirrte vor Gerüchten. Die Deutschen schossen alle nieder, die sie sahen, hieß es.

Auf jeden Fall braute sich etwas zusammen.

Sonntag, der 14. April, war ein Tag mit grauem Wetter und Schneetreiben. Zur Abwechslung war die Luft nicht voll vom Dröhnen der Flugzeuge. Aber gegen Abend geschah doch etwas: Unter der niedrigen Wolkendecke brummten große Transportmaschinen heran. Sie waren nicht glatt, sondern sahen so aus, als ob sie aus Wellblech gemacht worden wären. Sie flogen so nahe vorbei, daß die Leute in Lesjaskog durch die großen, offenen Seitentüren in die Flugzeugrümpfe sehen konnten. Da saßen Soldaten, viele Soldaten.

Im Westen, bei Bjorli, flogen die Maschinen eine Kurve und kamen zurück.

»Jetzt landen sie auf dem Lesjaskog-See und kommen und holen uns«, fuhr es durch Øystein.

Aber sie setzten ihren Flug fort, den Talweg entlang nach Osten. Landeten doch nicht. Am Tag darauf bekam man zu hören, daß deutsche Fallschirmtruppen über Lora, Dombas, Dovre und Hjerkinn abgesprungen waren. Norwegische Scharfschützen hatten anscheinend viele getroffen, wie sie als lebende Zielscheiben in der Luft hingen. Am Morgen danach standen die Deutschen mausetot aufrecht im Schnee, bekam Øystein zu hören.

Zwei Tage später kamen norwegische Soldaten nach Lesjaskog. Erst kamen Burschen von Møre, eine Gruppe baute sich eine Stellung im Schnee direkt auf der anderen Seite von Strandli. Øystein und die anderen Kinder mußten hinüber laufen und starrten die weißgekleideten Soldaten an, es waren sechs oder sieben. Die Buben sahen mit großen Augen auf all diese militärische Aktivität. Nicht nur hatte jeder der Männer von Møre einen Karabiner, aber obendrein war da noch ein Maschinengewehr! Das Maschinengewehr hieß Madsen, bekamen die Buben zu wissen, und es konnte mehrere hundert Schüsse ganz schrecklich schnell abgeben!

Aha! Jetzt war der Krieg bald gewonnen. Diese Burschen, die noch dazu Maschinengewehre hatten, nein, die konnte keiner besiegen. Dessen war Øystein ganz sicher. Das erste Flugzeug, das nun kam, würde bestimmt zum Absturz gebracht. Niemand konnte die Geschoßgarbe von solch einem Ding überleben.

Groß war die Enttäuschung der Buben, als deutsche Flugzeuge erneut auftauchten und die Burschen im Schnee gar nicht schossen. Pah! Was war das für ein Krieg?

Aber einige sagten, daß die Burschen nicht schießen durften, wenn es nicht notwendig war, denn sonst könnten die Deutschen sehen, wo sie versteckt lagen. Im Dorfladen wurden die letzten Neuigkeiten ausgetauscht, und der alte Iver Berget wußte zu erzählen, daß er gerade ein deutsches Flugzeug gesehen hatte, das »Probleme mit dem Auspuff« hatte.

»Weil dös dauernd so g'stottert und 'knallt hat, wie dös g'flogen is!«

Keiner wollte dem alten Iver sagen, daß es wohl nicht der Auspuff gwesen war, der geknallt hatte. Jedenfalls die nicht, die die Maschinengewehrgarben des Flugzeugs durch den Kiefernwald spritzen gesehen hatten. Aber einige der Männer von Møre konnten es doch nicht lassen, in die Luft zu schießen. Dadurch wurden die norwegischen Stellungen entdeckt, und der Krieg kam auch in Øysteins Heimat.

Und jetzt fingen die Bomben an zu fallen.

Er läuft nach Hause – »stell' dir vor, wenn die Häuser im Ort getroffen sind, stell' dir vor . . .!«

Rundum sind große Löcher am Hang, Erde und Steine liegen schwarz über dem Schnee. Aber dann ist es beruhigend, zu sehen, daß die Häuser trotzdem noch stehen.

Øystein findet einen Bombensplitter, will ihn aufheben – aber er verbrennt sich die Hand, das gezackte Meteallstückchen ist glühend heiß.

Daheim mußten sie im Keller bleiben, wenn die Flugzeuge kamen. Nicht nur Mutter und Vater und die Geschwister suchten Schutz hinter den meterdicken grauen Feldstein-Mauern im Keller auf Strandli. Viele Soldaten versteckten sich auch dort, wenn die Bomben kamen.

Das war so ein unangenehmes Geräusch von den Bomben. Zuerst heulten sie, höher und höher. Dann kam der furchtbare Knall, und alles bebte. Die Katze wurde auch ängstlich; sobald das Heulen anfing, begann sie zu fauchen, sie lernte bald, was das bedeutete. Es war schade, daß die Katze zurückblieb, als Vater sagte, daß man auf ein paar Tage zum Onkel in Lunde ziehen müßte; unten bei der Hauptstraße war es nicht mehr auszuhalten, so wie die Flugzeuge dauernd angriffen.

Am Sonntag danach kamen der König und der Kronprinz nach Lesja, sie mußten vor den Deutschen fliehen, zusammen mit der Regierung. Øystein war nicht ganz sicher, was die »Regierung« eigentlich war, aber man stelle sich vor, der König übernachtete auf dem Lesjaverkhof! Dort wäre er nun gerne gewesen und hätte geguckt. Aber am Tag danach reiste der König und seine Begleitung nach Molde, so gab es wohl keine Möglichkeit, diese Großkopfeten zu Gesicht zu bekommen, nein.

In Lesjaskog hatten sie jetzt sowieso an etwas anderes zu denken. Am Tag, bevor der König vorbeifuhr, war Bescheid gekommen, daß alle, die gehen oder auch nur kriechen konnten, hinaus auf den Lesjaskog-See mußten, um den Schnee vom Eis wegzuschaufeln. Denn dort sollte ein Flugplatz entstehen. Eine Landebahn von 750 × 70 Meter mußte so schnell wie möglich frei sein, denn jetzt sollten englische Flugzeuge kommen und den deutschen Flugzeugen Prügel geben. Es gab eine gewaltige Mobilisierung von Mannsleuten und Weibern, von Pferden und Pflügen, von Schaufeln und Spaten, ja sogar Lastwagen hatte man beschlagnahmt. Und sie hatten noch nicht sehr lange geschaufelt, da landeten einige norwegische Fokker.

Øystein durfte nicht hinüber zum See mitgehen. Was sollte das denn heißen, daß er nicht mitgehen könne, er, der elf Jahre alt und fast ein Mann war! Aber nein, die Luftangriffe auf das Dorf setzten sich ununterbrochen fort, und es war nichts für Kinder, sich draußen herumzutreiben. Am 24. April waren die Bombenangriffe schlimmer als je zuvor, es waren die Hauptstraße und die Eisenbahnlinie zwischen Dombås und Åndalsnes, die in erster Linie die Ziele der deutschen Flugzeuge waren. Denn in Åndalsnes wurden englische Soldaten an Land gesetzt, die den Norwegern weiter südlich im Gudbrandstal zu Hilfe kommen sollten.

Am Abend kamen die englischen Flugzeuge, die den Lesjaskog-See als Stützpunkt haben sollten.

Ah, es war ein schöner Anblick, meinten Øystein und die anderen, die draußen im Hof standen und auf die Maschinen blickten, die von Westen kamen: Zuerst drei Eindecker, danach etwa zwanzig Flugzeuge mit doppelten Tragflächen. Man konnte deutlich die blau-weiß-roten Ringe auf den Doppeldeckern sehen, und alles winkte.

Die Briten landeten einer nach dem anderen auf dem Lesjaskog-See, wo der Flugplatz wie ein dunkler Streifen in all dem Weißen lag. Die drei ersten Flugzeuge starteten gleich wieder und verschwanden bei Bjorli vorbei – sie waren nur Wegweiser gewesen.

Ja, jetzt konnte das Dorfvolk beruhigt nach Hause gehen und sich schlafen legen, denn jetzt waren englische Flugzeuge auf Wacht in Lesja.

Aber früh am Morgen wurden sie wieder vom Bombengedröhn geweckt – das hätte nicht sein dürfen. Das Rattern von Maschinengewehren gab ihnen Gewißheit. Und von den Fenstern zu Hause auf dem Bauernhof konnten sie sehen, daß schwarzer Rauch von den schmalen Buchten des Sees aufquoll.

Im Laufe des Abends kam die Nachricht: Alle englischen Flugzeuge waren zerbombt und zerschossen.

Øystein hätte am liebsten geweint, so traurig, fand er, war das mit den englischen Flugzeugen, denen sie gestern zugewinkt hatten.

24

Am Tag danach, es war der 26. April, kam Vater spät von der Arbeit nach Hause. Als Straßenmeister hatte er die Verantwortung dafür, die Straßen nach Westen zur Grenze vom Romstal in Stand zu halten. Es war ein hartes Stück Arbeit, nach all der Bombardierung, und es wurde immer spät, bevor er wohlbehalten zu Hause ankam.

An diesem Abend erzählte er etwas, was er drüben bei Bjorli gesehen hatte:

»Es war gerade vor der Mittagszeit, zwei englische Jäger kamen direkt hinter einem großen, deutschen Bomber daher. Die Jäger schossen und schossen auf den Deutschen, und der zog eine lange Rauchfahne hinter sich her. Das deutsche Flugzeug kam immer niedriger. Ich stand drüben bei Kloppen direkt südlich vom Bahnhof von Bjorli, und ich bin sicher, daß der deutsche Bomber in den Hügeln da drüben bei Søre Skarvhø, südöstlich vom Grøntal, herunterging. Er hat nicht viel weiter kommen können, so wie der rauchte und so niedrig wie er flog«, meinte Øysteins Vater beim Abendbrot.

Es war ein Tag im Juni, etwas mehr als ein Monat, nachdem die Kämpfe nachgelassen und die Norweger sich ergeben hatten. Øystein und seine Freunde hatten angefangen, sich an die neuen fremden Soldaten, die sie nicht verstanden, zu gewöhnen. Da kam ein Wanderer herunter zum Dorf.

Es führt ein alter Wanderweg über den Berg hierher, von Skjåk über Nyseter im Lortal. Aber die Markierungen sind seit vielen Jahren verfallen, diesen Weg gehen jetzt nicht mehr viele.

Dieser Wandersmann war denn auch auf dem Pfad von Nyseter vom Weg abgekommen. Er wirkte sehr verwirrt, als er endlich im Tal bei Lesjaskog ankam. Aber er erzählte etwas, bei dem die Leute die Ohren spitzten: Angestrengt und erschöpft sei er in den Bergen herumgeirrt, Nebel und schlechtes Wetter hätten geherrscht. Plötzlich sei er direkt auf ein großes Flugzeug zugegangen, das in einer Geröllhalde gelegen hätte. Es läge praktisch unbeschädigt da oben, hatte er zu erzählen. Wo? Nein, das wußte er nicht genauer, er war mehrere Tage herumgeirrt, ohne zu ahnen, wo er sich befand.

Nach dem, was er erzählte, glaubten die Leute, daß dieses Flugzeug wohl mehr in der Gegend von Grotli liegen müsse. Ein paar Burschen zogen gleich darauf hinauf über das Grøntal und suchten in den Bergen, ohne etwas zu finden.

Aber Øystein hatte sich gemerkt, was der erschöpfte, einsame Bergwanderer gesagt hatte, und erinnerte sich auch daran, was der Vater an dem Abend im April erwähnt hatte, von dem Flugzeug, das mit einer schwarzen Rauchfahne hinter sich so niedrig geflogen war und Kurs gegen Søre Skarvhø gehalten hatte.

Einige aus dem Dorf zogen im Laufe des Sommers los – es waren viele, die den angeschossenen Deutschen an jenem Apriltag niedrig über den Berg im Süden streichen gesehen hatten.

Alle, die losfuhren, fuhren umsonst. Das Flugzeug dort behielt sein Geheimnis.

Aber jetzt fehlte es nicht an Dingen für neugierige Buben. Bald waren sie beim See und sammelten kleine Teile von den Wracks der ›Gladiator‹–Flugzeuge, die als traurige Erinnerungen an einen mißlungenen Feldzug da standen, oder sie waren drüben in Bøvra bei Bjorli. Denn dort war ein angeschossener Heinkel-Bomber während der Kämpfe im April in die felsige Schlucht des Flußbettes hineingekracht, ein Wunder übrigens, daß jemand überlebt hatte, aber die Maschine war übel zugerichtet. Es war trotzdem genug davon übrig, daß unternehmungslustige Buben sich mit Schraubenzieher und Kneifzange daran betätigen konnten. Und das Kinderzimmer in Strandli bekam nach und nach eine merkwürdige Sammlung von Instrumenten und anderen Raritäten eines Krieges, der jetzt in dieser Gegend vorbei war.

So ist es Spätwinter 1943 geworden; er hat sich zu einem Ostern mit gutem Wetter hingezogen, und nicht wenige Wanderer sind im Dorf auf Besuch. Øystein ist in der Zwischenzeit 14 Jahre alt geworden, er ist gut gebaut für sein Alter und hat schon mehrere große Touren ins Gebirge gemacht. Er hält es für spannend, auf eigene Faust umherzustreifen und die verlassene, fast kahle Gebirgswelt auf beiden Seiten des langgestreckten Tales für sich zu entdecken. Für einen, der die Augen offen hat, ist es doch nicht so verlassen. Hier streifen Rentier und Fuchs, Schneehühner scharren in den Übergängen zum Hochgebirge und hinein zur Hochebene.

An diesem Ostertag ist er mit einer Ski-Wandergruppe unterwegs, die zum Digervarden gehen will, einer prächtigen Kuppe von 1780 Meter Höhe. Das bedeutet fast 1200 Meter Höhenunterschied und so sind es auch nicht mehr als acht oder zehn Skiläufer, die noch mitkommen, als die kleine Gruppe auf dem letzten Stück losfährt. Die anderen sind unterwegs zurückgefallen. Es sind außerdem wohl über dreißig Kilometer hinauf und hinunter zu laufen, und so entscheiden sich nur die sportlichsten für den Gipfel. Aber dort gibt es einen großartigen Rundblick als Belohnung für den, der sich überwindet.

Von hier breitet sich eine gewaltige Gebirgswelt vor den Augen aus: Das Romsdalsgebirge im Nordwesten; im Westen versperren der Berg Digerkamp und der glitzernde weiße Storgletscher die Sicht, zusammen mit der düsteren Hochebene von Gråhø und Dådiholet. Im Süden steigt die gezackte Gipfelkette von Jotunheimen auf, im Osten wallen abgerundete Höhen und einsame Weiten. Die Gruppe ist vom Grøntal abgebogen, links hinauf die Vargvassåe entlang, ein kleines Tal zwischen dem runden Mehø und Søre Skarvhø.

Søre Skarvhø! Øystein erinnert sich an die Erzählung des Vaters vor drei Jahren, und als sie hinauf in die Felsscharte zwischen Digervarden und Mehø biegen, trennt er sich von den anderen. So weit östlich ist er in seinen Heimatbergen noch nie gewesen, die Neugierde bekommt die Oberhand, und er zieht seine eigene Spur weiter.

Jetzt ist er den halben Weg durch die Felsscharte und hat die Abfahrt auf der Südseite hinaus zum Lortal vor sich. Aber dorthin will er nicht. Dann würde der Heimweg zu lang werden. Nein, es ist etwas anderes, nach dem er Ausschau hält. Er bleibt auf gleicher Höhe, wendet sich mehr nach links und kommt hinauf auf einen Bergrücken. Er muß anhalten, um Atem zu holen – in 1600 Meter Höhe braucht man viel, um die Lungen zu füllen. Und dann entdeckt er es plötzlich: Etwas Merkwürdiges über der ungebrochenen Schneefläche, er glaubt zuerst, einen Zaun zu sehen. Denn da sind eine Stange und ein Draht, die sich einige Meter entlang strecken gegen – heh! Es ist das Seitenruder eines Flugzeuges, jetzt sieht er, daß sich da ein Hakenkreuz spreizt! In der gleichen Sekunde ist es Øystein klar: Das muß das Flugzeug sein, von dem der Vater gesprochen hatte. Der »Zaundraht« ist die Antenne, die vom Ruder zum Antennenmast auf dem Rücken des Flugzeuges führt. Aber der Rumpf der Maschine ist fast eingeschneit, jetzt, als er ganz herangefahren ist, sieht er, daß nur ein kleines Stück von einem Flügel und die Nase des Flugzeuges aus dem Schnee herausragen.

Øystein schaut von oben in die Kanzel hinein. Er sieht, daß die ganze Nase aus Plexiglas ist und wird sich klar, daß dies die gleiche Art von Maschine sein muß wie die, die durchwühlt unten in der Bøverschlucht bei Bjorli liegt. Er macht große Augen über dem, was er im Glasraum unter sich sieht. Es liegen ein paar dicke Bücher auf dem Pilotensitz, und interessiert, wie er an allen Arten von Instrumenten ist, fallen seine Augen auch auf den Kompaß; der ist ungeheuer elegant, ein goldenes Ziffernblatt hat er sogar! Alles sieht völlig unberührt aus, fast als ob es jeden Augenblick fliegen könnte, wäre der Schnee nicht.

Aber etwas furchterregend ist es auch, nein, er will nicht länger hier sein.

Nach fünf Minuten folgt er seiner eigenen Spur zurück. Er sucht nach anderen aus der Gruppe, findet aber keinen.

Allein fährt er hinunter zum Dorf, noch immer aufgeregt über das, was er gefunden hat.

Ein Toter lag da

Sollte er jemandem erzählen, was er gesehen hatte?

Er lag lange wach an diesem Abend und dachte nach. Der schöne Kompaß mit dem goldenen Ziffernblatt ging ihm nicht aus dem Kopf. Und so vieles andere, was er finden konnte, herrlich! – Er schlief erst spät am Abend ein, so erschöpft er auch nach der langen Skiwanderung war.

Es dauerte nicht lange, und Øystein war sich klar, daß er wieder auf den Weg mußte. Aber es war auch unheimlich, allein loszuziehen. Er sollte wohl lieber das Geheimnis teilen. Ein Freund wurde eingeweiht, worum es ging, und dann packten sie den Rucksack und zogen los.

Die Schneeschmelze hatte jetzt schon eingesetzt, die Skier machten bald mehr Mühe als sie nützten, also ließen sie sie zurück. Aber es wurde eine furchtbare Anstrengung. Ständig sanken sie im nassen Schnee ein. Øystein fand die Felsscharte zwischen Mehø und Skarvhø, aber als er glaubte, sich dem kleinen Bergrücken zu nähern, konnte er den Weg nicht finden. Alles war so verändert jetzt, da der Berg zur Hälfte schneefrei lag.

Aber jetzt hatten sie Blut geleckt. Eine Woche danach zogen sie wieder hinauf, und jetzt hatten sie das Glück auf ihrer Seite. Nach einer Suche von nur einer halben Stunde oberhalb der Felsscharte bei der Brattmannhø erblickten sie das Flugzeug, es lag auf einem felsigen Plateau, das sanft schräg hinüber gegen Gjelåbotn lief, nur knapp zwei Kilometer von der Brattmannhø.

Sie nähern sich dem Flugzeug, noch einmal wird Øystein überwältigt davon, wie riesig es ist. Sie messen es mit Schritten aus und finden heraus, daß die Flügelspannweite etwa 25 Meter sein muß und der Flugzeugrumpf sicher sechzehn, sie haben noch nie ein so großes Flugzeug so nahe gesehen.

Sie schauen in die Kanzel hinein, wieder scheint die geschlossene Welt von Schatten und Instrumenten wie ein Abenteuer.

Dieses Mal müssen sie hinein! Werkzeug haben sie mitgenommen, und Øystein steigt als erster auf das Flugzeug. Er klettert hinauf auf den dunklen Flugzeugrücken, läßt sich hinunter durch eine Luke neben einer Art Glasblase. Er findet Halt in einem Gurt, von da springt er im Halbdunkel auf das Flugdeck hinunter. Er geht nach vorn in die Kanzel hinein, kann die Luke über dem Pilotensitz aufmachen und den Freund hereinlassen. Eifrige Jungenhände untersuchen alles Interessante hier vorne genau. Nicht nur Instrumente aller Art, sondern auch ein Maschinengewehr, das vorne in der Nase des Flugzeugs sitzt. Andere Dinge, die sie nicht ganz begreifen. Die Bücher liegen noch auf dem Pilotensitz, einige sind gedruckt, einige geschrieben, aber sie verstehen weder die Sprache noch die komische Schrift. Nein, da sind doch all die eigenartigen Uhren mit Zeigern etwas anderes. Ein bißchen ängstlich sind sie die ganze Zeit, sie wissen, daß die Heinkel ein Bomber ist, denk' dir nur, sind vielleicht noch Bomben da? Vom Wrack in der Bøverschlucht wissen sie, wo die Bomben gewöhnlich sind, aber hier können sie nicht in die Bombenschächte hineinsehen, sie sind geschlossen. Halbdunkel ist es auch hier im Bombenraum, mit wachsenden Bedenken forschen sie weiter hinten im Flugzeugrumpf nach.

Aber dann werden sie hellwach und vergessen die Bomben, denn jetzt, als die Augen sich an die Dunkelheit gewöhnen, sehen sie unter dem MG-Stand, wo Øystein hereingekrochen war, die Funkanlage des Flugzeuges. Alle Knöpfe und Zeiger lassen sich bewegen, hier ist nichts durch Feuchtigkeit zerstört. Denn das Lesjagebirge gehört zu den trockensten Gegenden des Landes.

Das wäre etwas zum Mitnehmen gewesen!

Aber jetzt kommt ein Ereignis, das sie alle Lust am Funkgerät und den anderen Teilen verlieren läßt. Beide erblicken etwas, was auf dem Boden liegt. Es ist eine Decke, in der drüben in der Ecke unter dem MG-Stand etwas eingepackt liegt. Øystein geht nach hinten und will es untersuchen – vielleicht ist es ein Gummiboot, das dort liegt – das wäre auch etwas zum mitnehmen! Er beugt sich über das Bündel, und starrt direkt hinunter auf ein schreckliches Gesicht – es ist ein Toter, der unter der Decke liegt. Das Gesicht ist schwarz, die Zähne leuchten weiß in einer furchterregenden Grimasse. Das ist nicht einfach ein Totenschädel, der Kopf hat Haut und Gesichtszüge. Die trockene Luft und das geschlossene Flugzeug haben die Leiche wie eine Mumie bewahrt. Aber mehr anzusehen bringen die Jungen nicht über sich, sie klettern fast in Panik aus der Maschine heraus.

Draußen überlegen sie gemeinsam. Das Werkzeug kann ruhig im Rucksack bleiben. Sie steigen so weit auf einen der Flügel hinauf, daß sie durch eins der kleinen Fenster unter dem MG-Stand hineinschauen können. Sie sehen das gleiche – das schreckliche Gesicht unten im Bündel.

Der Tote hat ein graues Stück Stoff über dem Rest des Körpers, es sieht so aus, als ob etwas unter seinen Kopf gelegt ist. Auf dem Kopf hat er einen Fliegerhelm aus Leder.

Die Jungen eilen nach Hause, sie brauchen dazu anscheinend nur die Hälfte der Zeit, die der Aufstieg dauerte.

Alle Lust darauf, Teile vom Flugzeug loszuschrauben, ist wie weggeblasen – vorläufig.

Der Freund wollte überhaupt nicht mehr hinauf zur Brattmannhø. Aber als die Wochen verstrichen, wurde es Øystein immer klarer, daß er wieder hinauf mußte. Merkwürdig, wie es einen zog, dieses Unheimliche.

Der Vierzehnjährige schlug sich nicht nur mit dem Gedanken an den schönen Kompaß herum. Ein toter Mann mußte begraben werden.

Øystein hatte nie vorher jemanden gesehen, der tot gewesen war. Und der, der da im Flugzeug lag, sah so furchtbar aus. Aber alle, die gestorben waren, mußten unter die Erde, das war etwas, was er gelernt hatte, und das mußte richtig sein.

Er sollte Leute fragen, die älter waren. Vielleicht waren die mutiger. Und so zogen an einem Sommertag drei Jungen aufs neue hinauf. Die anderen zwei waren schrecklich tapfer – bis sie in den dunklen Flugzeugkörper hineinkamen. Nein, es wurde keine Beerdigung heute.

So halten sie sich vorne in der Kanzel; und da tun sie zum Ausgleich gründliche Arbeit. Der Kompaß landet im Rucksack von Øystein, fünfzehn Instrumente gehen denselben Weg. Die Rucksäcke fangen an, schwer zu werden. Zum Schluß schrauben sie die Maschinengewehre los, drei insgesamt, und machen sich auf den Heimweg. Einer hat nur Holzschuhe an, es ist in Krisenzeiten nichts anderes zu bekommen. Und er kämpft sich furchtbar in dem scharfen Geröll ab. Bald merken sie, daß sie zu gierig gewesen sind, die Rucksäcke wiegen zu viel, als daß sie damit nach Hause kommen können. Sie müssen auf jeden Fall zwei Maschinengewehre liegen lassen. Die Waffen werden unter Steinen versteckt. Sie werden sie nie mehr wiederfinden, hier oben ähnelt sich alles, überall sind Steine und noch einmal Steine.

Mehrere Touren folgen, aber nie kann Øystein seinen Mut zusammennehmen und den Toten aus dem Flugzeug holen. Auch sieht er jedes Mal schlimmer aus.

Es ist Sommer 1945. Am 16. Juli entschließt Øystein sich. Jetzt *wird* er es schaffen. Der Gedanke an den Mann im Bündel, der nicht unter die Erde kommt, hat ihn seit zwei Jahren verfolgt. Er bittet Gunnar Kjelshus aus Lora um Hilfe, und zusammen ziehen sie in die Berge. Øystein ist 16 geworden, Gunnar ist einige Jahre älter.

Es wird eine furchtbare Zeremonie. Teils tragen, teils ziehen sie das Bündel aus dem Flugzeug heraus. Mehrere Male müssen sie sich übergeben.

Fünfzehn Meter vom Flugzeug entfernt machen sie ein Grab von einem Meter Tiefe. Vorsichtig schaffen sie das Bündel hinein. Bevor sie einige große, flache Steine darüberlegen, fassen sie sich ein Herz und machen die Fliegerkombination auf. Sie wollen sehen, ob der Tote irgendetwas bei sich hat, aus dem man entnehmen kann, wer er ist. Aber es wird zu eklig. Sie ziehen den Reißverschluß schnell wieder herauf. Sie bemerken, daß er keine Uhr hat, keinen Ring. So machen sie ein einfaches Kreuz aus einigen Leisten, die sie vom Dorf mitgebracht haben.

Sie gehen hinunter. Wenden sich zum Flugzeug da oben. Es ist nicht mehr die gleiche prächtige Maschine. Es sind mehrere Male Leute hier oben gewesen, haben Teile losgehackt. Jemand hat aus Spaß gegen das Seitenruder geschossen, das Hakenkreuz ist eine beliebte Zielscheibe nach fünf Jahren Fremdherrschaft.

Im Geröll daneben steht das schmale Holzkreuz. Sie erhöhen das Tempo. Die Arbeit hat Zeit gekostet, jetzt müssen sie das Dorf erreichen, bevor es dunkel wird.

Øystein schüttelt sich nach der Arbeit der letzten Stunden.

Gleichzeitig fühlt er sich seltsam erleichtert.

Aber ein Gedanke bohrt immer stärker: Wer war er, der Fremde im Bündel?

Der jetzt im Steingeröll in 1600 Meter Höhe ruhen wird?

Eine He 111, am 5. 9. 1939 über besetztem polnischen Gebiet fotografiert. Der Bildtext vom Pressedienst der Wehrmacht lautete: »Auf dem Flug über endlich befreitem Land. In dieser Höhe merkt man wenig von den militärischen Operationen. Aber wenn das Flugzeug nur einige wenige hundert Meter hinuntergehen würde, könnte man polnische Kolonnen auf dem Rückzug sehen.« In den gleichen Kolonnen befanden sich an diesem Tag die vier soeben abgeschossenen Flieger: Günther Hölscher, Gotthold Klenk, Karl Stolz und Willi Stock. *(Foto: Scherl Bilderdienst – Platzek/NTB).*

Günther Hölscher – fotografiert als Flugschüler in seiner Wehrdienstzeit.

Richard Gumbrecht.

Karl Stolz.

Karl Stolz.

Daheim! Staffelkapitän Leythkäuser (im Ledermantel, mit dem Rücken zur Kamera) heißt (v. l.) Gotthold Klenk, Günther Hölscher, Willi Stock und Karl Stolz willkommen, als sie im Herbst 1939 aus polnischer Kriegsgefangenschaft zurückkehren. Ein Stabsflugzeug vom KG 4 brachte sie zu ihrem neuen Stützpunkt bei Faßberg.

Angetreten vor der 5. Staffel, um den Willkommensgruß der Kameraden entgegenzunehmen. Von links: Klenk, Hölscher, Leythäuser (teilweise verdeckt), Stock und Stolz.

Jørgen Strandli hatte Wache auf dem Bahnhof von Åndalsnes, als Hölscher und Co. ihre Bombenlast auf das Eisenbahngebiet und den Kai entleerten. Strandli floh auf dem Fahrrad, als er sah, daß die Maschinen sich näherten, aber er hatte genug Geistesgegenwart, dieses Bild aufzunehmen, als die Bomben getroffen hatten und der Rauch aufquoll. Die Gebäude links sind Lokschuppen; es ist das Hafengebiet, in dem es brennt. *(Foto: J. Strandli).*

Norwegen, April 1940
Der Tag, an dem Anton Jøndal zu Grabe getragen wird. Der kleine Magnus (links), zusammen mit der Mutter und Geschwistern, neben dem Sarg des Vaters im Vorhof auf Øvre Stavemshagen. *(Foto Leihgabe von Jacob Jøndal).*

Die ›Gladiator‹ kommen

Der Flugzeugträger HMS ›Ark Royal‹ hebt und senkt sich in der Dünung des Mittelmeeres. Das Schiff liegt vor Alexandria und hält Übungen mit einem anderen Flugzeugträger, HMS ›Glorious‹, ab.

Dieser ist am 22. März von Portsmouth ausgelaufen; die Mannschaft hatte nichts dagegen gehabt, das feuchtkalte Frühlingswetter über den Britischen Inseln gegen das zweifellos behaglichere Klima des Mittelmeeres zu tauschen. Die zwei Staffeln der ›Ark Royal‹ mit Jagdbombern des Fleet Air Arm sind in der Zwischenzeit bei Hatston, einem Städtchen der Orkney-Inseln, zurückgeblieben. So sind die Männer der 800. und 801. Staffel um die Mittelmeersonne betrogen worden.

An diesem Tag – dem 8. 4. 40 – bekommen beide Flugzeugträger unerwartet das Signal, den Hafen anzulaufen, und in Alexandria warten Befehle, heimwärts zu fahren – so schnell nur die Kessel Dampf hergeben können. Es entwickeln sich gerade bedenkliche Dinge in Skandinavien. Am nächsten Tag, dem 9. April, während beide Schiffe westwärts in Richtung Gibraltar schäumen, läuft die Meldung ein, daß Deutschland Norwegen besetzt.

In Gibraltar wird die ›Ark Royal‹ 48 Stunden zurückgehalten, während die ›Glorious‹ weiterdampft. Aber am 23. April erreicht auch die ›Ark Royal‹ die Orkney-Inseln und läuft in Scapa Flow ein, um die zwei ›Skua‹-Staffeln von Hatston aufzunehmen. In Scapa Flow hat die ›Glorious‹ am Tag davor 18 Jagdflugzeuge vom Typ Gloster ›Gladiator‹ von der 263. Royal Air Force Squadron an Bord genommen. Die Deutschen rücken von Oslo sehr schnell entlang der großen langgestreckten Täler nach Norden vor. Die norwegische Mobilisierung ist nur teilweise geglückt, und schwach ausgerüstete norwegische Kräfte konnten den deutschen Vormarsch nur wenig aufhalten. Innerhalb einer knappen Woche, am 18. April, ist ein Expeditionskorps in Åndalsnes an Land gesetzt worden, um die deutschen Truppen im Gudbrandstal aufzuhalten. In Namsos sind sowohl Briten als auch Franzosen gelandet. Aber der deutsche Vormarsch setzt sich fort, und jetzt besteht die akute Gefahr, daß es der deutschen Wehrmacht glücken wird, die Verbindung zwischen Oslo und

Trondheim herzustellen. Die deutsche Luftwaffe gibt den Boden-
streitkräften die entscheidende Unterstützung und bombardiert die
Landungsstützpunkte fast routinemäßig und nahezu unbehindert.

Gegen diese Luftherrschaft werden jetzt die ›Glorious‹ und ›Ark
Royal‹ ihre insgesamt achtzig Flugzeuge einsetzen, von denen mehr
als die Hälfte vom Typ ›Swordfish‹ sind, ein hoffnungslos veralteter
Jagdbomber, von dem die ehrlichsten Kritiker es sogar aussprechen,
es sei zu riskant, ihn dort einzusetzen, wo auch die deutsche Luftwaffe Einsatz fliegt. Die Jagdbomber ›Gladiator‹ und ›Skua‹, weiß
man, genießen einen gewissen Respekt beim Gegner. Die ›Skua‹ ist
zwar ziemlich klobig und langsam – sie macht knapp 350 km/h – ist
aber erst zwei Jahre bei den Staffeln. Als der erste operative Eindecker der Marineluftwaffe liegt er zu diesem Zeitpunkt in techni-
scher Hinsicht nicht allzusehr hinter den Jägern der deutschen Luftwaffe zurück.

Die ›Gladiator‹ auf der ›Glorious‹ sind für einen provisorischen
Stützpunkt auf einem mit Eis bedeckten See an der Wasserscheide
zwischen dem Gudbrandstal und dem Romstal bestimmt und sollen
von dort als Unterstützung für norwegische und britische Infanterie
weiter südlich im Tal operieren. Die ›Skua‹ sind in erster Linie für
den Schutz der Landungshäfen und der Transportlinien zur Front
vorgesehen.

Am Morgen des 24. April sind beide Flugzeugträger in einer Position 240 km westlich der Küste von Møre angekommen. Die 18
›Gladiator‹ hätten planmäßig am selben Morgen starten sollen, um
zum Lesjaskogs-See zu fliegen.

Aber an diesem Morgen fegen die Schneeböen dicht über die
graue, unruhige See draußen im Nordmeer. Die Wellenkämme rollen im grauen Nebel dahin.

Die Sicht ist auf wenige hundert Meter herunter, es gibt keine
Möglichkeit, zu starten. Erst am Nachmittag ist die Sicht wenigstens
so gut, daß die ›Gladiator‹ von der ›Glorious‹ starten können.

Gleichzeitig steigen zwölf ›Skua‹ von der ›Ark Royal‹ auf, mit
dem Auftrag, deutsche Schiffe und Seeflugzeuge im Fjord von
Trondheim anzugreifen.

Am Tag zuvor hatte sich britisches Bodenpersonal mit Treibstoff
für die Flugzeuge, Munition, sowie zwei Flugabwehr-Kanonen in
Lesjaskog eingefunden. Zwei norwegische Maschinengewehrtrupps
waren zur Sicherung abkommandiert, und um den See herum wurden Maschinengewehrstellungen eingerichtet. Unten bei der Start-

bahn gibt es nur ein paar Wege, mehr schlecht als recht geräumt. Das Problem, Treibstoff und Ausrüstung nach vorne zu bringen, muß mit Pferd und Schlitten gelöst werden. Erst eine halbe Stunde, bevor die ›Gladiator‹ draußen auf See aufsteigen, hat das Bodenpersonal es geschafft, Benzin und Munition in kleinen Mengen entlang der Startbahn abzulegen. Nachdem zuerst zusammengesammelt worden war, was man an Blechdosen, Kannen und anderen Behältern zur Füllung mit Treibstoff hatte auftreiben können. Daß es an Vorbereitungen gefehlt hatte, wird noch klarer, als sich herausstellt, daß nur zwei Trichter zum Einfüllen des Benzins zu finden sind!

Spät am Abend setzen die ›Gladiator‹ zur Landung an: die Sonnenwärme hat im Laufe des Tages das Schmelzwasser von den Schneewällen am Rand des Eises über den provisorischen Flugplatz sickern lassen.

Da die Dunkelheit hereinbricht, werden die Flugzeuge ans Land gebracht und getarnt. Mit dem schwachen Frühwarnsystem, das man einrichten konnte, will man nichts riskieren. Die Norweger warnen zwar die Briten davor, die Flugzeuge auf das Ufer längs der schmalen Buchten am See zu setzen, aber es wird gemacht, wie es die Briten wollen, obwohl, wie gewöhnlich zu dieser Zeit des Frühlings, fast 30 cm Schneematsch längs des Ufers liegen. Vier der achtzehn Flugzeuge werden nicht weggezogen und getarnt. Sie stehen in Bereitschaft draußen auf der Startbahn, denn deutsche Flugzeuge waren in großer Höhe vorbeigeflogen und mußten den Startstreifen gesehen haben. Ein Angriff ist zu erwarten, sobald es hell wird.

Der Schneesturm, in dem die ›Gladiator‹ draußen gestartet sind, hat das Binnenland hier nicht erreicht. Nach einem Tag mit strahlendem Sonnenschein kühlt es hier in der Dämmerung schnell ab, es ist klarer Himmel und die Nacht wird frostkalt. Drei Uhr morgens wird angeordnet, daß drei Flugzeuge starten und über dem Flugplatz patrouillieren sollen. Aber der Startwagen ist ›tot‹. Die Batterien geben keinen Funken von sich. Erst jetzt entdecken die Mechaniker, daß die Batteriesäure vergessen worden war. Es zeigt sich außerdem, daß die Vergaser eingefroren sind. Der Ratschlag der Norweger, die Motoren in Gang zu halten, weil Nachtfrost zu erwarten war, war nicht befolgt worden. Reservebatterien? Die hatte man auch vergessen mitzunehmen. In aller Eile kratzt man ein paar Autobatterien von norwegischen Fahrzeugen im Dorf zusammen. Die Mechaniker arbeiten unter Hochdruck, um wenigstens einige Flugzeuge in die Luft zu bekommen.

Gegen fünf Uhr kommen die Deutschen. Da haben die Mechaniker es geschafft, Leben in eine ›Gladiator‹ zu bekommen, die startet und die Deutschen angreift. Eine Heinkel He–111 bekommt einen Treffer und stürzt ab, aber zwei He–111 gelingt es, ihre Bombenlast auf das Eis abzuwerfen. Es ist höchste Zeit, die anderen Maschinen klar zu machen. Aber der Schneematsch, in dem sie am Abend vorher stehen geblieben waren, ist im Laufe der Nacht gefroren, die Maschinen stehen völlig fest. Zwei Flugzeuge steigen gegen 7 Uhr auf, um über der Front beim Kvam zu patrouillieren, aber das Bodenpersonal müht sich noch damit ab, die vierzehn Flugzeuge am Waldrand loszuhacken, als die nächste Angriffswelle kommt.

Die Heinkel kommen in Kettenkeil-Formation. Als sie sich dem See nähern, bricht jede Formation auf und die Flugzeuge donnern einzeln über das Zielgebiet.

In einer der Maschinen blickt Oberfeldwebel Günther Hölscher durch das automatische Bombenzielgerät. Er hat die Geschwindigkeit des Flugzeuges verringert, den Abstand zwischen den geparkten Flugzeugen auf 15 Meter berechnet. Als er sich nähert, braucht er nur den Auslöseknopf herunterzudrücken und die Bomben fallen in richtigen Abständen.

»Treffer, Treffer!« ruft Unteroffizier Stock von seinem Platz in der Bodenwanne.

Und Treffer werden es. Wenigstens fünf ›Gladiator‹ sind zerstört, bevor sie aus dem eisernen Griff des Eises loskommen können. Die Schwierigkeiten beim Einfüllen des Benzins und der Beschaffung des Startstroms haben dazu geführt, daß nur einige wenige Flugzeuge starten und den Angriff abwehren können. Es war auch nicht dadurch besser geworden, daß das Bodenpersonal Zuflucht unter den Bäumen gesucht hatten, als der Angriff kam. Die Heinkel begnügen sich nicht damit, zu bombardieren, Stoß um Stoß fegen Maschinengewehrgarben das Eis entlang.

Neuer Angriff, jetzt auch mit Junkers Ju 88.

Um die Mittagszeit sind 10 der 18 ›Gladiator‹ verloren. Als der Tag zu Ende geht, haben die Bomben 132 Krater in das Eis geschlagen, das jetzt kaum mehr als Flugplatz dienen kann.

Und die letzte Hoffnung, die deutsche Luftwaffe über Süd-Norwegen auch nur einigermaßen in Schach halten zu können, ist zerschlagen. Die Niederlage ist nur noch Tage entfernt.

Am gleichen Morgen, an dem das Bodenpersonal in Lesjaskog fieberhaft Autobatterien sammelt, um Leben in die steifgefrorenen ›Gladiator‹ zu bekommen, steigt ein Schwarm von 34 ›Swordfish‹ und Blackburn ›Skua‹ von den Flugzeugträgern auf. Ein deutscher Kreuzer und ein Tankschiff sind im Trondheimsfjord gemeldet, außerdem soll Værnes und die provisorische deutsche Rollbahn auf dem mit Eis bedeckten Jons-See bombardiert werden.

Lieutenant Commander Peter Bramwell ist Kapitän der 801. Staffel. Um 0300 Uhr startet er vom Deck der ›Ark Royal‹. Als Funker und Schütze hat er Leutnant John Collett, einen jungen Burschen, der als Kampfflieger ein Neuling ist.

Es ist nicht das erste Mal, daß eine Blackburn ›Skua‹ ihre Flügel über norwegischem Gebiet zeigt. Ende September des vorigen Jahres hatte eine ›Skua‹ ein Dornier-Flugboot Do 18 vor der norwegischen Küste abgeschossen und damit den ersten Luftsieg des Fleet Air Arm im zweiten Weltkrieg vermerkt. Und die ›Skua‹ von Hatston, 16 an der Zahl, hatten am 10. April die Nordsee überquert und den Kreuzer ›Königsberg‹ im Hafen von Bergen versenkt.

Jetzt fliegt Bramwell an der Spitze seiner Staffel nordostwärts und ist noch nicht weit in den Trondheimsfjord hineingekommen, als er plötzlich einen größeren Geleitzug entdeckt. Von dem angeblichen Kreuzer sieht er nichts. Bramwell gibt Befehl zum Angriff und kann danach notieren, daß zwei der Tanker getroffen worden sind. Die 500 Pfund-Bomben, die jede ›Skua‹ mit hatte, haben das ihre getan. Die ›Swordfish‹ hatten keine feindlichen Maschinen auf dem Jons-See gefunden und kümmerten sich stattdessen um Værnes, dort wurden eine Reihe von deutschen Flugzeugen und ein Hangar zerstört.

Sie kehren zum Flugzeugträger zurück. Einige ›Skua‹, die über Otta und Kvam in Aktion gewesen waren, kommen auch zurück.

Aber es ist schwer, irgendwelche Freude über das Ergebnis des Tages zu fühlen. Fünf Flugzeuge sind über dem Trondheimsfjord verloren gegangen, fünf sind als Folge einer mißglückten Landung, oder weil ihnen der Treibstoff ausgegangen ist, ins Meer gestürzt. Zwei der ›Skua‹, die den Norwegern und Briten im Gudbrandstal Luftunterstützung gegeben hatten, sind ebenfalls nicht zurückgekehrt.

Na ja, sie haben zwar eine ähnliche Zahl von Deutschen erledigt, aber da sind eben auch diese verdammten leeren Plätze in der Messe an Bord an diesem Abend. Plätze, an denen gestern Abend noch Kameraden gesessen hatten.

Und morgen geht es wieder los. Ein langsames Vibrieren in dem großen Körper sagt Peter Bramwell und den anderen, daß die ›Ark Royal‹ die Geschwindigkeit erhöht hat und jetzt näher an die norwegische Küste heranzukommen sucht.

Morgen wird Willy einen Brief schreiben

Die 5J+CN vom Kampfgeschwader 4 ist auf dem Heimflug nach Fornebu, in Formation mit den anderen He 111 der 5. Staffel.

Oberfeldwebel Günther Hölscher und seine Besatzung sind erschöpft. Sie sind seit den frühen Morgenstunden aktiv gewesen. Im Morgengrauen waren Flugzeuge der 1. Fernaufklärerstaffel aus Sola über dem Lesjaskogs-See ganz oben im Gudbrandstal gewesen und hatten eine große Ansammlung von feindlichen Flugzeugen auf dem Eis gemeldet.

Einheiten vom KG 25 in Ålborg, zusammen mit seiner eigenen Staffel vom KG 4 aus Oslos Flughafen Fornebu waren für einen Bombenangriff gegen den Binnensee eingesetzt worden. Hölscher hat mit seiner Bombenlast zwei Einsatzflüge nach Norden geschafft.

Heute haben er und die Besatzung 5 bis 6 Stunden in der Kanzel verbracht. Dazu kam die Hetze beim Tanken und der Ladung neuer Bomben und Munition zwischen den zwei Flügen.

Es ist erst ein paar Tage her, seitdem die Gruppe nach Norwegen verlegt wurde. Nach dem Polenfeldzug hatte sie in Faßberg in Norddeutschland gelegen. Während der Krieg seinen Lauf genommen hatte, war ihrer Gruppe der Fronteinsatz erspart geblieben, und sie hatten während dieser Zeit stattdessen Übungsflüge gemacht.

Aber am Morgen des 9. April konnten sie aufs neue »Feindflug« in das Logbuch eintragen: Von Faßberg aus flogen sie an diesem graukalten Frühlingstag zwei Einsätze gegen Norwegen. Auftrag: U-Boot-Jagd im Kattegat, außerdem Erkundung des Flughafens von Oslo. An diesem Tag flogen sie eine neue Maschine, die 5J+CN, die jetzt die ihre geworden war.

Na ja, neu – Kugelspuren im Rumpf zeigten, daß sie unter Beschuß geraten war, als das KG 4 ein gutes halbes Jahr vorher in Polen flog. Es konnte sogar sein, daß diese Maschine unter denen gewesen war, die niedrig über ihre Köpfe streiften, als sie als Gefangene von ihren eigenen Leuten beschossen wurden . .

Einige Tage nach der Verlegung nach Norwegen hat Hölscher einen neuen Piloten an Bord bekommen, Klenk war zum Transportdienst der Luftwaffe versetzt worden und flog jetzt als Kurier für Berlin.

Neben sich hat er jetzt stattdessen den gleichaltrigen Richard Gumbrecht, einen Bäckersohn aus Heilbronn, der noch relativ unerfahren im Fronteinsatz ist.

Feldwebel Gumbrecht hält die Maschine gleichmäßig auf südöstlichem Kurs. Die Begebenheiten des Tages ziehen an ihm vorbei, und die Vier an Bord können sich entspannen.

»Das ging doch gut, Richard!«, Günther Hölscher möchte seinen neuen Piloten loben. Es ist erst der zehnte Einsatz, bei dem der 21jährige an seiner Seite mit ihm und den Kameraden Karl Stolz und Willy Stock zusammen fliegt. und die Flüge nach Lesjaskog sind die Feuertaufe des jungen Gumbrecht gewesen, es war lebhaft genug beim Binnensee da oben zugegangen, sodaß er jetzt wohl sagen kann, es sei ein ganz harter Tag gewesen. Richard lebt unter der Anerkennung des Kameraden auf.

Willy Stock steckt seinen Kopf zur Kanzel herein, zündet sich eine Zigarette an und sagt:

»Du meine Güte, was war bloß mit den Kerlen da unten auf dem Eis los, die schafften es doch fast nicht, ein einziges Flugzeug heraufzufummeln. Das war ja fast wie auf Kühe im Stall schießen!«

Die Lage ist ansonsten nicht auf weitere Heiterkeit gestimmt. Mehrere Kameraden fehlen in der Formation, die sich jetzt dem Waldgebiet nördlich von Oslo nähert. Sie haben einzelne Maschinen nach Treffern von den wenigen ›Gladiator‹, die in die Luft gekommen waren, heruntergehen sehen. Andere hinken auf dem Weg nach Süden nach.

Aber bei der Ankunft in Fornebu kann Staffelkapitän Leythäuser für den Tageseinsatz gratulieren, das hilft der guten Laune. Die deutsche Luftwaffe hat der britischen Luftverstärkung entscheidende Verluste zugefügt, jetzt wird es nicht mehr lange dauern, bis Norwegen endgültig gegen die Einmischung dieser Engländer gesichert ist, die Nordflanke des Vaterlandes wird geschützt sein. Und der Krieg seinem Ende ein gutes Stück näher.

»Das wäre nicht schlecht, zum Teufel nochmal«, denkt Willy Stock, er sitzt mit den anderen drei zusammen im Bus in die Stadt. Der Bus ist mit Besatzungen besetzt, die alle ein hartes Stück Arbeit in der Luft geleistet haben. Es ist ein beschlagnahmter Zivilbus, ein Norweger sitzt am Steuer. »Snarøen« steht darauf. Aber das wichtigste gerade jetzt ist, daß der gelbe Bus sich dem Hotel nähert, in dem sie wohnen und wo man übrigens ein ganz annehmbares Bier bekommt. Der Bus dröhnt stadteinwärts, fährt am Schloß vorbei, biegt hinunter in die Hauptstraße von Oslo ein und fährt gleich danach eine Nebenstraße hinauf.

Vor dem Hotel stehen Schilderhäuser, zwei Soldaten salutieren, als die Flieger aus dem Bus steigen und hinein in die Empfangshalle gehen. Gar keine schlechte Kaserne, das hier!

Günther, Richard, Karl und Willy duschen, ziehen sich Dienstuniformen an und versammeln sich in der Bar auf ein Glas Bier.

»Sag' mal, Willy, hast Du denn heute irgendwelche ›Spitfire‹ gesehen?« Günther schaut halb neckend hinüber zum Kameraden. Die letzten Tage hat Willy ständig erwähnt, daß er in der Nacht von ›Spitfire‹ geträumt habe. Er hat vieles über diesen englischen Jäger gehört und er hat Angst vor ihm. Jetzt hatte er wieder einen Alptraum gehabt, in dem die furchteinflößenden Flugzeuge über ihm gewesen waren.

»›Spitfire‹ mit doppelten Tragflächen sind wohl doch nicht so gefährlich«, setzt Günther nach und spielt auf die nicht gerade hochmodernen Doppeldecker ›Gladiator‹ an, die sie auf dem Binnensee in Fetzen geschossen haben.

»Mach' nur Witze, Günther! Aber eines Tages werden wir wohl so einer begegnen, einer richtigen ›Spitfire‹ und dann!«

Die anderen prosten das Thema weg, jeder mit seinem Glas schäumenden Pilsner, reden über etwas, was nicht mit der Arbeit zu tun hat. Es kommt darauf an, die Gedanken ein wenig von der Wirklichkeit abzulenken in den wenigen Stunden, in denen sie sich ausruhen können. Aber Karl, der Willy von zu Hause kennt, sieht, daß der Freund in schlechter Stimmung ist. Es ist wohl leichter für den Junggesellen Günther, den Kummer abzuschalten. Willy hat an mehrere zu denken, weiß Karl. Und er selbst hat einen kleinen Jungen zu Hause in Erfurt, wo Gertrud wartet. In Erfurt wohnt auch Willys Gustl, 22 Jahre alt und 6 Monate unterwegs mit ihrem Ersten.

Ein sehr schönes Mädchen, übrigens, diese Frau von Willy – und so voller Sehnsucht nach ihrem Mann, wie sie ist!

Gegen zehn Uhr zieht Willy den Günther etwas zur Seite und sagt:

»Na schön, lach' nur über diese Spitfire-Träume von mir! Aber ich hab' das unbestimmte Gefühl, daß irgendetwas passieren wird!«

»Passieren? Sachen passieren jeden Tag. Wir haben es doch bis jetzt immer geschafft, oder? Und Du hast es ja heute gesehen: Wir sind es jetzt, die im Luftraum über Norwegen bestimmen! Sei nicht abergläubisch, Willy!«

»Nenn' es, was Du willst, Günther! Ich glaube, was ich glaube«, antwortet Willy.

»Ich gebe ein Bier aus!«

»Danke schön, aber ich glaube, ich gehe in die Stadt.«

Günther schaut dem Kameraden nach, als er geht. Gewiß kann beim einen oder anderen die Laune umschlagen, und er erinnert sich gut von Polen her, daß es Willy war, der am leichtesten mutlos wurde. Aber dieses Gerede da . . . Er setzt sich wieder zu den anderen hinüber, spendiert eine Runde.

Willy wandert langsam durch die Straßen der fremden Stadt. Es ist nicht viel Leben an diesem Donnerstagabend in Oslo zu sehen. Es ist bewölkt und zieht feuchtkalt. Im Park längs der Hauptstraße spreizen sich große Bäume mit nackten Kronen gegen den schwarzen Himmel. Der Abendwind wirbelt Sand auf den Gehsteigen auf und kratzt trocken im Laub des Vorjahres, das das Kopfsteinpflaster entlang raschelt.

Der Teufel hole die ganze Sache! Das war früher einmal in Ordnung, als keine andere Arbeit zu bekommen war, die Schmiedeschürze und Esse zu Hause in Hohenhausen gegen festen Sold und blanken Schirm auf der Mütze zu tauschen.

Es waren eigentlich schöne Jahre, mit guten Kameraden und einer Arbeit, bei der er sich wohlfühlte. Die Flugzeugmotoren waren durchaus so interessant wie Hufeisen, und er hatte einen Sold, von dem er leben konnte. Das eine oder andere Fest konnte man sich auch leisten. Nein, bevor dieser Krieg kam, war es gut gewesen, W. Stock zu sein!

Der Wind pfeift durch die Straßen. Es ist fast etwas Heimatliches an diesem feuchtkalten Wind – wenn der Winter in den weiten, dunklen Hügeln des Thüringer Waldes zu Ende geht, zieht es auch in Erfurt feuchtkalt genug.

Es ist weit nach Hause heute Abend.

Und lange ist es her. Der letzte Urlaub war vor vier Monaten gewesen. Er hätte Ostern zu Hause sein sollen, hatte sich so darauf gefreut. Er und Gustl wollten die Wohnung Am Kreuzchen fertig machen. Aber jeder Urlaub war gesperrt worden, sie durften nicht von Faßberg weg. Es war etwas am Kochen.

Ja! Herauf, um Norwegen gegen eine englische Invasion zu schützen. Ihm war diese ganze Geröllhalde völlig egal, warum sollte er hier oben liegen bleiben?

Die Dinge in Polen hatten ihm nicht gerade Appetit auf mehr gemacht. Er war gerne Mechaniker, aber er mochte die Abeit nicht besonders, die er hatte, wenn sie Einsatz flogen. Nicht umsonst hatte die Bodenwanne in der He 111 den Spitznamen »Sterbebett«. Es war ein sehr zweifelhaftes Vergnügen, in diesem Aquarium zu liegen, wenn die Flak von hinten zu hämmern anfing. Und die Jäger, von wo griffen die an? Ja, danke, von unten und achtern. Und dann war das vier Millimeter dicke Plexiglas, hinter dem er lag, nicht viel, um die Schnauze dahinter zu verstecken.

Es war gestern knapp gewesen, über Namsos. Da hatte die Luftwaffe schon das meiste weggeblasen, aber Hölscher hatte den Auftrag bekommen, bewaffnete Aufklärung über der Stadt zu fliegen, die der Brückenkopf für Engländer und Franzosen war. Sie hatten sich um eine Eisenbahnbrücke gleich außerhalb der Stadt gekümmert, und als sie nach oben zogen und dabei waren, eine Landzunge westlich von Namsos zu umfliegen, waren sie direkt auf einen britischen Flak-Kreuzer gestoßen. Die Flaksplitter waren ihnen um die Ohren gesaust, keiner an Bord der 5J+CN hatte geglaubt, daß es noch einmal gut gehen würde.

Die Angst vor einem Feindflug – Willy kannte sie jetzt. Er fing an, diese Angst zu hassen. Vielleicht hatten die anderen genau so viel Angst, gegen die sie kämpften. Ob die sich so besonders fühlten, die Kerle, die sie heute undeutlich hinter der Frontscheibe in den ›Gladiator‹ gesehen hatten?

Willy sieht ein Straßenschild: »Stortingsgaten«. Eine blaue Straßenbahn poltert vorbei. Das große Gebäude am Ende der Straße ist sicherlich der Reichstag. Gleich daneben liegt ein Restaurant. Er geht hinein, bestellt ein Glas Bier. In einer Ecke haben ein paar Infanteristen Verhandlungen mit zwei Mädchen eingeleitet. Sonst sind meist Zivilisten im Lokal. Willy registriert, daß sie eigentlich mehr reserviert neugierig als feindlich wirken. Er erinnert sich an den Haß, der aus den Augen der Polen geleuchtet hatte. Nun ja, es war jetzt netter hier, fast unwirklich, daß dies eine Hauptstadt im Krieg war.

Willy sieht ohne jeden Neid, daß die zwei Gefreiten in der Ecke die Verhandlungen mit wahrscheinlich günstigem Ergebnis abgeschlossen haben, sie verschwinden munter mit lauter Stimme zusammen mit den beiden Mädchen in den Abend.

Er knöpft die Brusttasche auf, um den letzten Brief noch einmal zu lesen, aber er findet ihn nicht. Da erinnert er sich, daß er ihn in der Tasche des Overalls gelassen hat. Er war von Faßberg nachgeschickt worden, Gustl weiß wohl nicht einmal, daß sie hier sind. Aber er kennt den Brief sowieso auswendig:

»Ich denke immer an Dich. Am Abend muß ich weinen, weil ich mich nach Dir sehne und Angst um Dich habe. Aber dann spüre ich, daß es in meinem Bauch strampelt und werde doch ein bißchen glücklich, jetzt ist es sicher ein fertiges kleines Kind, nur sehr klein noch. Ich fürchte mich auch ein bißchen davor, wenn es kommt, denn das tut wohl weh. Aber vielleicht bekommst Du bald Urlaub und kannst bei uns sein. Lieber Willy, ich liebe Dich so sehr, und immer habe ich Angst, daß Dir etwas Schlimmes zustößt. Du mußt besonders gut auf Dich aufpassen und bald zu uns zurückkommen. Das Warten ist so lange. Aber ich habe etwas, womit ich mich beschäftige. Ich habe schon viele Babykleidchen genäht, das ist so komisch, wenn man sie zusammenfaltet und in die oberste Schublade der Kommode legt. Ich schaue jeden Tag in den Briefkasten und überlege mir, wo Du sein könntest. Es ist sicher schwierig mit der Post, aber wenn Du einmal Zeit hast, mußt Du schreiben an Deine Gustl«.

Willy hatte gelächelt, als er den Brief bekam. Jetzt tat es nur weh, daran zu denken.

Würde er jemals wieder nach Hause kommen? Das beklemmende Gefühl will ihn nicht loslassen.

Ob sie wohl das Paket bekommen hatte, das er von Faßberg schickte? Gustl hatte geschrieben und erzählt, daß sie angefangen hatte, dick um den Bauch zu werden, so daß die Kleider spannten. Ein bißchen verlegen war er in einem Geschäft gewesen, wo sie so etwas verkauften und hatte etwas ausgesucht, wovon er glaubte, daß sie es brauchen konnte, etwas mit ein bißchen Weite darin.

Er bestellt noch ein Glas. Es ist gut, allein zu sitzen heute Abend. Laß die Burschen ruhig da oben in der Bar schwätzen. Morgen Abend wird er nach Hause schreiben. Und ein paar Kleinigkeiten, die ihr gefallen werden, die er in einer Auslage gesehen hatte, mitschicken.

Drei Gläser später schüttelt er sich draußen im kalten Wind und geht langsam hinauf zum Hotel.

Die qualvolle Angst will nicht loslassen.

Der letzte Feindflug

Es ist nachts mild geblieben, das Frühlingswetter hat sozusagen die Oberhand bekommen – es ist längst schneefrei in Oslo. Nur auf den Hügeln rund um die Stadt leuchtet es noch weiß von einem Winter, der sich auf dem Rückzug befindet.

Auf einer kleinen Kuppe neben der Rollbahn in Fornebu entspannen sich eine Handvoll Jungs der Luftwaffe: die Besatzungen der 5. Staffel liegen oder sitzen im toten Gras auf dem Hügel, rauchen, plaudern.

Sie genießen das angenehme Wetter. Obwohl der Himmel fast völlig bewölkt ist, ist das Quecksilber bis auf zehn Grad geklettert, es ist fast windstill und es ist friedlich rundherum.

Sie sehen, daß das Bodenpersonal unten auf der Rollbahn die Maschinen klarmacht: Letzte technische Überprüfung, Bomben laden, nachmunitionieren und auftanken.

Die Stimmung unter den Jungs ist gehoben: der gestrige geglückte Feindflug nach Lesjaskog, Meldungen vom raschen Vormarsch der eigenen Bodenstreitkräfte, die Gewißheit, daß der Feind fast keine Flak von Bedeutung hat.

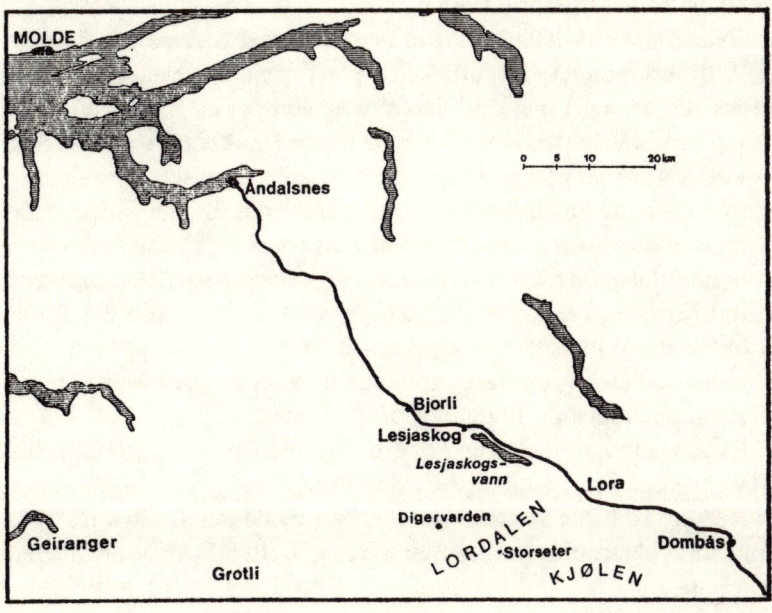

Während der Einsatzbesprechung haben Günther und seine Besatzung den Befehl bekommen, bewaffnete Erkundung vor den eigenen Stellungen bei Kvam im Gudbrandstal durchzuführen und weiter nach Nordwesten gegen Grotli und Ålesund zu fliegen. Man befürchtet, die Briten könnten Streitkräfte nicht nur in Åndalsnes, sondern auch in einem der Fjordarme westlich der Straße im Ottatal an Land gesetzt haben. Zusammen mit zwei anderen Maschinen soll Hölschers 5J+CN herausfinden, ob die Briten Streitkräfte über Grotli unterwegs haben, Streitkräfte, die bei Kvam eingesetzt werden könnten.

Dort sind die Kämpfe an diesem Morgen wieder aufgeflammt, die Verengung des Tales bietet Möglichkeiten zur Errichtung von starken Sperrstellungen. Die Norweger sind vor zwei Tagen durch britische Infanterie von Åndalsnes entlastet worden, und die Deutschen sind auf beunruhigenden Widerstand gestoßen.

Es ist deshalb entscheidend, Kenntnis davon zu erhalten, ob die Briten auch Verstärkungen durch das Seitental unterwegs haben, das von Westen kommt und bei Otta mündet. Die Route, der sie folgen sollen, wird eingezeichnet.

Aber noch liegt der Auftrag der Flieger einige Stunden in der Zukunft, die Burschen reden über dieses und jenes, ab und zu hört man Gelächter nach einer guten Geschichte. Karl bemerkt, daß Willy auch heute nicht besonders gut gelaunt ist. Das fällt ihm auf, denn Willy ist sonst oft munter genug.

»Na, Kamerad, nicht in Form heute, zu viel Bier gestern?«

Willy brummt etwas zurück, er macht einen abwesenden Eindruck. Da erinnert sich Karl daran, was Günther im Bus heraus vom Hotel erwähnt hatte. Über Willy, der gestern Abend so sonderbar gewesen war und gesagt hatte, daß er so eine komische Vorahnung hätte. Er hatte doch auch die anderen verlassen und allein eine Runde in der Stadt gemacht – Willy ist sonst nicht einer, der sich von einer lustigen Gesellschaft vorzeitig davonmacht. Andererseits kennt Karl den Freund so gut, daß er weiß, daß viel von der Fröhlichkeit, die Willy sonst zeigt, gespielt ist.

»Man soll sich vergnügen, so lange man kann. Wer weiß, ob wir morgen noch leben«, pflegte er oft zu sagen.

Es ist keine Zeit mehr für weiteres Nachdenken, es ist 10 Uhr, die Maschinen sollen an die Arbeit des Tages.

Richard rollt die Heinkel auf das Nordende der Rollbahn zu, es sind drei Maschinen, die zusammen in Ketten-Formation fliegen werden.

Er hat den Pilotensitz angehoben und die Luke im Kabinendach zurückgeklappt, so daß er einen freien Überblick hat. Denn – was man sonst auch Gutes über die He 111-P sagen konnte, die Innenseite der Plexiglasnase beschlug sich leicht und wenn die Sonne schräg von hinten hereinkam, gab es die seltsamsten Reflexionen auf all den gekrümmten Glasflächen. Das gebogene Glas warf die merkwürdigsten Bilder zurück. Wie im Spiegelkabinett in einem Vergnügungspark, denkt Richard. Obwohl so ein Vergleich jetzt bedeutungslos ist.

Die 5J+CN ist am Ende der Startbahn angekommen, die zwei anderen Maschinen haben schon den Betonstreifen von Fornebu hinter sich und sind in den grauen Aprilhimmel hinaufgezogen.

Los! Günther gibt das Signal. Richard gibt Vollgas auf die beiden Daimler-Benz-Motoren.

2350 Pferdestärken brüllen auf, und der dschungelgrüne Aluminiumvogel gewinnt an Fahrt. Der Drehzahlmesser zeigt 2400 Umdrehungen, aber die Maschine ist schwer: Sie haben 2000 Kilo Bombenlast, so daß Richard den Großteil der Rollbahn ausnützen muß, bevor er den Knüppel zurückziehen und die Nase gen Himmel richten kann.

Er hält die volle Geschwindigkeit, während er Klappen und Fahrgestell einzieht, reduziert dann auf 2300, während er weiter hinter den anderen zwei her stetig steigt.

Unten blinkt es kalt im Oslofjord, Richard hat die Maschine in eine Backbordkurve gelegt und gewinnt Höhe über der Stadt da unten. Ein herrliches Flugzeug zum Manövrieren. Richard genießt, wie der schnittige Rumpf der kleinsten Bewegung des Knüppels und der Ruderpedale folgt, mit 250 Meter in der Minute klettert er über dem Flugplatz und über Oslo. Unter ihnen geht die Stadt über in Hügel, Wasser mit blaugrauem Eis. Gumbrecht hat die Maschine in die Formation bekommen und stellt eine gleichmäßige Fluggeschwindigkeit von gut 360 km/h ein. Der Höhenmesser zeigt 4000 Meter.

Ruhig fliegt die Maschine nach Norden, sie liegt schräg hinter dem Leitflugzeug, die andere Maschine fliegt genau an Backbord.

Er hat den Autopiloten eingeschaltet, die Gurte sind gelockert und die Jungs können sich entspannen, sie sind noch weit vom Ziel entfernt.

Unter ihnen taut es in der Waldlandschaft, schmale Skispuren führen nach Norden. Einige Wochen vorher hatten hier kleine

Gruppen von norwegischen Jungen in ihrem Alter auf Skiern den Weg über die Berge gesucht, um Einheiten zu finden, die sie gebrauchen konnten.

Das wissen die Vier da oben nicht, sie wissen nur, daß sie der stärksten Luftflotte der Welt angehören, die in diesen Wochen von Sieg zu Sieg über einen ganzen Kontinent fliegt . . .

Und sie wissen auch, daß die He 111 eines der elegantesten, bestgebauten und leistungsfähigsten Bombenflugzeuge der Welt ist, mit Flugeigenschaften, die es fast unabhängig von einem Jagdschutz machen. Noch . . .

Die Bevölkerung in Polen hatte zuerst erfahren, was das eigenartige, unheimliche Motorengeräusch bedeutete, später sollte man auch in französischen, niederländischen und englischen Heimen in Angst auf die tödliche Melodie der zwölfzylindrigen Motoren horchen.

Mit einer Stromlinienform, die bis vor kurzem ungewöhnlich gewesen war, war die He 111 so etwas wie ein Symbol der gnadenlosen Übermacht der deutschen Luftwaffe geworden. Es hatte scheinbar friedlich begonnen: Am 10. Januar 1936 konnte das Reichsluftfahrtministerium in Berlin zum ersten Mal ein neues, ziviles, zehnsitziges Passagierflugzeug, konstruiert von Siegfried und Walter Günther, vorstellen. Die Schaulustigen auf dem Flughafen Tempelhof konnten für diesen schönen Beitrag zu einer neuen Ära des Luftverkehrs nur Beifall spenden.

Was nicht gesagt worden war, aber was kritische und kundige Seelen ohne Zweifel ahnten, war, daß die Linienführung des Flugzeuges und die Ausformung der Flügel offenbar für Maximalleistung auf Kosten des Passagierkomforts konstruiert waren. Denn eigentlich paßten die elegante Erscheinung der Maschine und die sehr notdürftige Einrichtung gar nicht zusammen. Darüber sagte indes die Presse nichts, sie konnte nur begeistert proklamieren, »daß Deutschland jetzt die schnellste Flugmaschine in der zivilen Luftfahrt bekommen hatte«.

Auch wurde nicht erwähnt, daß bereits die ersten He 111 in Bomberausführung die Ernst Heinkel-Flugzeugwerke verlassen hatten . . . Denn noch war die deutsche Luftwaffe – offiziell – keine Realität.

Im Mai des gleichen Jahres begann die Produktion von He 111 in einer neuen Fabrik bei Oranienburg, die Luftwaffe warf die Maske weg und stand offen da, und aus der Oranienburger Fabrik rollten jetzt jeden Monat 100 neue Heinkel-Bomber.

Auf dem Reichsparteitag 1937 in Nürnberg konnten Hitler und Göring mit aller denkbaren Zufriedenheit die ersten Staffeln mit He 111 über die begeisterten Volksmassen donnern lassen, und als sie Francos Rebellenstreitkräften mit der Legion Condor zu Hilfe kamen, wurde ihre charakteristische Silhouette ein Teil des spanischen Himmels. Wessen Farbe das auch auf der Unterseite des Rumpfes war: Hellblaue Flugzeugbäuche waren das Letzte, was am 26. April 1937 die Opfer von Guernica in diesem Leben sahen.

Auf den Tag genau drei Jahre danach hebt und senkt sich die Kettenformation der 5. Staffel, Kampfgeschwader 4, nordwärts am Mjøsa-See entlang, über Lillehammer, hoch über das Gudbrandstal, wo die deutche Wehrmacht jetzt Nachschubkolonnen und Verstärkungen nordwärts in Richtung der Kvam-Stellungen schickt.

Günther, der zuerst auf dem Klappsitz neben Richard gesessen hatte, kriecht nach vorn in die Nase der Maschine, legt sich auf das »Behelfsbett« aus Segeltuch und hat von hier aus die Herrschaft mit seinem 7,92 mm Maschinengewehr, das aus der Bugnase herausragt. Hier hat er auch das Visier des automatischen Bombenzielgeräts. Die Formation dreht bei Otta nach Westen, achteraus können sie die Einschläge vom Angriff ihrer Fliegerkameraden gegen die feindlichen Stellungen bei Kvam sehen.

Die drei Flugzeuge sind jetzt allein über einer Landschaft unterwegs, die der Krieg noch nicht erreicht hat: An Backbord heben sich zerklüftete Gipfel in mehrere tausend Meter Höhe hinauf. »Jotunheimen« liest Günther; er weiß sicher nicht, was der Name bedeutet. (wörtl.: Heim des mythologischen Riesen Jötun. Anm. d. Üb.) Voraus: Ein langer Binnensee, der nach dem Winter aufzutauen begonnen hat; er ist merkwürdig blaugrün. Der Anführer der Formation geht tiefer, nachdem sie nach Westen gedreht haben, die zwei anderen folgen nach. Vorne hat der Wald aufgehört, und sie fliegen jetzt über Hochgebirge. Nach der Karte soll es hier sein, daß der Weg von Grotli nach Westen führt, aber hier ist nur Schnee und noch mehr Schnee, keine Spur.

Aber schön ist es: Im Süden etwas, das ein großer Gletscher sein muß, gegen Norden eine zerklüftete Felsenlandschaft. Vorne läßt der Berg sich sozusagen selbst los und fällt hinab in einen Fjord tief unten. Die drei Heinkel sind in einer Höhe von nur einigen hundert Metern über der Talsohle. Als sie die steile Bergwand nach Geiranger zu erreichen, schlägt der Aufwind wie eine Faust gegen die Flugzeuge und wirft sie gleichsam in den Himmel hinauf. Die Wolkendecke hat sich aufgelöst, der Berg liegt in flutendes Licht gebadet da: Blau und grelles Weiß gegen dunkle Bergwände. Kein Zeichen vom Feind.

Die Jungs in der 5J+CN wechseln nur das eine oder andere Wort über das Kehlkopfmikrofon, nehmen sich lieber Zeit, die herrliche Landschaft zu betrachten, die irgendwie wie reiner Frieden anmutet.

Die drei einsamen Flugzeuge finden nichts von Interesse im Fjord, sehen auch keine Aktivität an der Küste in Richtung Ålesund. Auf ein Signal vom Leitflugzeug der Formation wenden sie sich jetzt nach Steuerbord und nehmen Kurs auf Åndalsnes – den britischen Brückenkopf.

Jetzt ist es nicht länger notwendig, die Karte zu benutzen: Rauchwolken, die wie im Zeitlupentempo gerade voraus aufsteigen, zeigen, wo die anderen Jungs des KG 4 sich herumtreiben.

Und dort geht es lebhaft zu: Als sie gegen den Romsdalsfjord herausjagen, sehen sie die Stadt in Flammen stehen. Die Rauchwolken türmen sich um die Wette mit dem Romsdalshorn herauf. Offenbar ist nicht viel Flak in der Stadt übrig, um sich gegen die deutschen Flugzeuge behaupten zu können, die da angreifen. Die vier in der 5J+CN können sehen, daß diese niedrig gegen die Kais und Entladeplätze für britisches Material fliegen, die ihre Ziele sind.

Weiter draußen im Fjord liegt ein Kriegsschiff vor Anker.

Die 5J+CN ist klar zum Gefecht. Günther hat die Bombenschächte geöffnet, Karl ist in die Segeltuchgurte hinaufgeklettert, die in dem Lafettenring des B-Standes hängen. Willy ist in das »Sterbebett« gesprungen. Von hier aus kann er feindliches Feuer mit dem Maschinengewehr beantworten, das nach unten und hinten wirkt.

Aufs neue durchfährt ihn die Angst. Während Karl und die in der Pilotenkanzel durch Panzerung gegen Feuer aus den gefährlichen Sektoren von hinten geschützt sind, hat er nur das Plexiglas als »Schutz«. Willy schwitzt an den Händen. Der Stahl der Waffe ist eiskalt.

Den Mittelgang entlang nach vorne zur Kanzel hängt die Bombenlast klar: Acht Sprengbomben von je 250 kg auf jeder Seite. Der Auslösemechanismus hält sie fest.

Sie sind gerade in die Nähe des Kriegsschiffes gekommen und haben registriert, daß es die HMS ›Manchester‹ ist, da muß der Kreuzer das Feuer eröffnet haben. Plötzlich ist der ganze Himmelsraum um sie herum voll von kleinen schwarzen Wölkchen – Sprengpunkte von Flugabwehrgranaten.

Sind sie getroffen worden?

Richards Blicke gehen blitzschnell über die Instrumente, aber er kann vorläufig nichts Abnormales sehen. Alle Steuerungen folgen, wie sie sollen.

Der Führer der Formation gibt das Signal, abzubiegen, und die drei Maschinen machen einen großen Bogen in Richtung Molde, um aus der Luftabwehr des Kreuzers herauszukommen. Man hat ein anderes Angriffsziel im Auge: Karl empfängt Befehle über Kopfhörer: Sie sollen auch Ziele in Åndalsnes angreifen, zwei Flugzeuge kümmern sich um die Treibstofflager beim Hafen, Hölscher soll den Bahnhof bombardieren.

Der Eisenbahntelegrafist Jørgen Strandli hat an diesem Tag Wache auf dem Bahnhof. Ein zuverlässiger Mann aus Østerdalen, ist er im Jahr davor vom Bahnhof von Rena nach Åndalsnes versetzt worden. Er ist 24 Jahre alt und jetzt mitten in diese Sache hineingeraten.

Seit Hitlers Geburtstag – dem 20. April – haben die Deutschen hier praktisch unaufhörlich Bomben abgeworfen. Hitler hatte große Unruhe bekundet, als er von den starken englischen Landungstruppen hörte, die von Aufklärern der Luftwaffe beobachtet worden waren, und er hatte deshalb den Befehl zum konzentrierten Einsatz aus der Luft gegen die Expeditionstruppen gegeben. 120 Kampfflugzeuge, He 111 wie auch Ju 88 sind in Wellen gegen die kleine Stadt eingesetzt worden – die wichtig geworden ist, weil die Briten Truppen und Material hier direkt vom Schiff auf die Eisenbahn verladen können. Die Bevölkerung ist evakuiert worden, die meisten in den innersten Teil des Isfjords hinein. Heute, am 26., sind keine Zivilisten mehr in Åndalsnes außer denen, die aus zwingenden Gründen auf ihrem Posten bleiben *mußten*. Und jetzt ist auch nicht mehr viel vorhanden, wo jemand hausen kann: In großen Teilen der bebauten Fläche sind nur noch Schornsteine übrig. Strandli ist einer von denen, die bei ihrer Arbeit bleiben mußten – die Züge müssen fahren, um die Truppen zur Front hinauf ins Gudbrandstal zu bringen. Fliegeralarm gibt es nicht mehr – aber die Leute auf dem Bahnhof bekommen trotzdem Bescheid:

Die deutschen Flugzeuge pflegen früh am Vormittag zu kommen und folgen zuerst dem Gudbrandstal, später dem Romstal. Auf dem Bahnhof von Verma, etwa dreißig Kilometer weiter das Tal hinauf, halten Stationsmeister Einar Holland und seine Mitarbeiter Wache. Wenn die deutschen Formationen vorbeifegen, springen sie zum Eisenbahntelegrafen und läuten an. Wenn die Glocke auf dem Bahnhof von Åndalsnes anschlägt, wissen Strandli und seine Kollegen, daß sie drei Minuten haben, um in Deckung zu gehen.

Die Stadt hat an diesem Morgen schon seit mehreren Stunden gebrannt, nachdem eine größere Zahl von Brandbomben in die dichte Bebauung gestreut worden waren. Kais und Lagerplätze wurden von Bomben zertrümmert. Früher haben Strandli und andere, die Dienst taten, quer über die Geleise laufen können, um in einer Sandhöhle am Hügelrand gegenüber vom Bahnhof, hinauf gegen das Hotel »Viktoria«, Schutz zu suchen. Normalerweise hatte man ein bißchen Zeit, nachdem die Flugzeuge um Aksla hereinkurvten – sie flogen einen Bogen in den innersten Teil des Isfjords hinein, bevor sie zurückdrehten und die Bombenvisiere einstellten.

Aber heute ist die Sandhöhle nicht sicher genug. Die Brände in der Stadt haben sich bis zu den britischen Munitionslagern ausgebreitet, die Granaten dort explodieren in alle Richtungen. Und beim letzten Angriff hatte die Sandhöhle mehrmals gezeigt, daß sie als Deckungsraum reichlich primitiv war: Katarakte von Sand waren über ängstliche Menschen da drinnen im Halbdunkel herabgerieselt. Vielleicht etwas Splitterschutz war geboten – aber ein Volltreffer am Sandrand ließe ihnen keine Chance.

Jørgen Strandli hat vor ein paar Jahren ein Rennrad gekauft, er meinte, so etwas könnte interessant sein, so glänzend und teuer wie es war. Er dachte wohl nicht daran, daß er mit dem selben Fahrrad sein Leben retten sollte: Er sieht die Flugzeuge vom Isfjord kommen, merkt, daß es höchste Zeit ist, wirft sich auf das Rad und strampelt buchstäblich um sein Leben, weg vom Bahnhof, an einer englischen Flakbatterie beim Lokschuppen vorbei. Er sieht im Vorbeifahren, daß die Jungs mit den flachen Helmen mit rasender Geschwindigkeit an ihren Rädern drehen, selbst kommt er nicht viel weiter, bevor die Flugzeuge heran sind, er kann sich vom Rad herunter und in ein Gebüsch werfen. Die Maschinengewehrkugeln spritzen im Straßenkies, gleich danach hört er, daß es in den Schienen dröhnt. Weichen, Schwellen und Signale werden in die Luft geschleudert.

Strandli merkt, daß er eine Atempause hat, und setzt seinen Weg hinüber zum Nes-Strand fort, dort sind Häuser in sicherem Abstand. Hier nimmt er sich Zeit, zuürckzuschauen. Dort drüben am

Bahnhof vorbei sieht er die Treibstofflager in Flammen aufgehen und schwarzen, dicken Rauch aufsteigen. Wo die Flugabwehrkanone gestanden hatte, ist nur noch ein klaffendes Loch im Hügel.

Günther hat die Bomben in rascher Reihenfolge über dem Gleisgebiet ausgelöst, sie fühlen, wie die Maschine jedes Mal einen gewissermaßen erleichterten Ruck macht, wenn der Auslöser eine Bombenspitze losgelassen hat.

Die 5J+CN ist um zwei Tonnen leichter geworden, Richard kann den Steuerknüppel nach hinten ziehen, um den Steigflug zu beginnen. Beim Angriff auf die Ziele in Åndalsnes sind die drei Maschinen weit auseinander geraten, jetzt will er von 2000 Meter auf 3500 Meter hinauf und den Formationsflug wieder aufnehmen. Die Bombenschächte sind wieder geschlossen, und er legt das Flugzeug auf südöstlichen Kurs, hinein über die zerklüfteten und steil abfallenden Bergwände ins Romstal. Einige Kilometer weiter vorne können sie sehen, wie das Terrain ruhiger wird, sich in sanfte, runde Berge abflacht. Gerade unter sich haben sie eine Art Alpen in Miniatur, es ist etwas heimatliches um sie. Aber sie bekommen keine Zeit, die Natur zu genießen: als Richards Blick routinemäßig über die Instrumente gleitet, hält er beim Öldruckmesser plötzlich an. Der Druck beim Steuerbordmotor fällt. Die Flak auf dem Kreuzer hat also doch das ihre getan. Richard weiß, daß es ohne Bombenlast keine große Sache ist, die Heinkel mit nur einem Motor zu fliegen, aber mit dem Steuerbordmotor außer Betrieb wird er nicht mit den anderen zwei Flugzeugen Schritt halten können.

Karl hat vergeblich versucht, die zwei anderen Flugzeuge über Funk zu erreichen, aber er bekommt keine Antwort. Günther ist nicht der einzige, der beunruhigt ist. Ohne gegenseitigen Schutz ist eine He 111 äußerst verwundbar bei einem Angriff britischer Jäger.

Sie haben sich der Gegend von gestern genähert, im Osten sehen sie die weiße Fläche des Lesjakogs-Sees.

Da geschieht es:

Direkt aus der Sonne heraus kommen zwei fremde Flugzeuge. Günther sieht das erste, er liegt ganz vorne in der Flugzeugnase und hat die beste Aussicht. Richards Blickfeld ist von den Instrumenten in der Decke eingeengt, und auch nach Steuerbord ist die Sicht schlecht. Günther erkennt die charakteristischen Sternmotoren und ruft: »Skua, zwei Stück!« Im Bruchteil einer Sekunde registriert er, daß auch die zwei anderen Heinkel in der Ferne angegriffen werden, dann ist all seine Aufmerksamkeit darauf gerichtet, was jetzt passiert. Die englischen Jäger fliegen im Sturzflug gegen das hinterdrein hinkende Flugzeug, fegen achtern herum und kurven scharf ein.

»Jetzt kommen sie!« Karls Knöchel um den Pistolengriff des Maschinengewehres im oberen Stand werden weiß, er hat so laut gerufen, daß es die anderen wohl auch direkt hören konnten. Jetzt wird der besorgte Ruf durch das Kehlkopfmikrofon übertragen, hinüber zu den Kopfhörern der drei anderen. Es ist das erste Mal, daß sie unter direkten Beschuß eines angreifenden Flugzeugs geraten.

Die zwei britischen Jäger fliegen dicht achteraus, 30 bis 40 Meter sind sie entfernt. Karl sieht das Mündungsfeuer aufblitzen. Er selbst hat Mühe, ein ordentliches Schußfeld zu finden. Zum einen muß er aufpassen, daß er nicht das Seitenruder der eigenen Maschine trifft, zum anderen ist die Lafette für das Maschinengewehr nicht kraftbetätigt, ein schnelles Zielen ist daher schwer. Er stemmt die Füße gegen den »Steigbügel« und feuert los. Kurze Feuerstöße, bei einer Folge von 1000 Schüssen in der Minute reicht das Magazin von 75 Schüssen nur einige Sekunden, bevor er es auswechseln muß.

Willy hat die Angreifer noch nicht gesehen, von seinem Liegeplatz im »Sterbebett« versperren ihm Achterrumpf und Höhenruder die Sicht. Ein Kugelhagel schlägt in den Steuerbordmotor hinein. Richard sieht, daß der Öldruckmesser plötzlich auf Null abfällt.

Eine kalte Angst hatte die vier ergriffen, als die Jäger noch über ihnen gewesen waren. Jetzt, nachdem die ersten Treffer im Steuerbordflügel sitzen, ist es, als ob die Furcht wie weggefegt ist, ein kaltes und halb unwirkliches Gefühl überkommt sie, jetzt ist es, als ob Reflexe die Bewegungen der vier Männer steuern.

›Hier sitzen wir, schön auf dem Präsentierteller dargeboten‹, denkt Günther, da hört er Karl rufen: »Du, Willy, er taucht nach unten, ich kann nicht mehr schießen, übernimm' Du!«

Willy liegt schräg unter dem Kameraden bereit, ruft zurück: »Wo, wo?«

Eine neue Garbe jagt in den Rumpf herein, Karl fühlt einen Schlag gegen sein Bein. Aber Willy schießt ja nicht!

Er dreht den Kopf, schaut hinunter, wo der Kamerad liegt. Er sieht, daß Willys Hand neben dem Kolben des Maschinengewehres heruntergefallen ist. Die Scheiben im »Sterbebett« sind von Schüssen zersplittert. Von der Kanzel aus sieht Günther, daß ein schwarzer Ölstreifen vom Steuerbordmotor aus über die Flügel und weiter hinaus in die Luft achteraus streicht wie ein seltsamer Trauerflor.

58

Es sieht aus, als ob es gegen den Flügel regnet, so, wie man es in peitschendem Regen auf einem Dach sehen kann. Es sind die Geschoßgarben der Engländer, die durch das Leichtmetall von unten durchjagen, das Aluminium in den Flügeln bördelt sich in kleinen Zacken rund um die schnellen Durchschläge auf.

Richard stößt den Knüppel nach vorne und drückt das Flugzeug in einen halben Sturzflug. Er weiß, daß die gefährlichste Angriffsrichtung von hinten und unten ist. Jetzt geht es darum, so tief hinunterzutauchen, daß dem Feind diese Möglichkeit genommen ist.

Willys Maschinengewehr antwortet immer noch nicht, und ungeschützt muß die Heinkel jetzt einen neuen Kugelhagel entgegennehmen – der schlägt von hinten in den Flugzeugrumpf und fegt in die Kanzel durch die schmale Tür zum Bombenraum herein, zerschmettert das Plexiglas in der Nase. Die nächste Salve geht weiter nach links:

»Backbordmotor getroffen!« ruft Richard in die Kopfhörer der anderen und bemerkt augenblicklich, daß der Öldruck auch auf dieser Seite fällt. Ein Blick auf die Instrumente über Günthers Kopf verrät, daß die Motortemperatur bedrohlich steigt.

Günther hat bemerkt, daß Willy nur »Wo, wo?« gerufen hat und daß sein Maschinengewehr immer noch schweigt. Er hebt sich durch die Öffnung zum Bombenraum durch und erreicht gerade den Laufgang zwischen den Bombenschächten, als die nächste Garbe auf der rechten Seite der Pilotenkanzel einschlägt, wo er vor drei Sekunden noch gesessen hatte.

Er will den leblosen Körper des Kameraden wegziehen, um selbst an das Maschinengewehr zu kommen – aber er sieht durch die zwei kleinen Fenster auf jeder Seite des Funkraumes, daß Öl wie schwarze Fahnen aus beiden Motoren weht.

Und es ist Richard nun klar, daß die 5J+CN ihre letzte Reise macht: Er hat schon den Steuerbordmotor ganz abgeschaltet, nachdem nicht nur das Ölsystem, sondern auch die Flüssigkeitskühlung für den Motor zerstört ist. Es ist nur noch eine Frage von Sekunden, bevor der glühende Motor sich festfrißt.

Sie haben erheblich an Höhe verloren und Richard ist sich darüber klar, daß er mit nur einem und noch dazu beschädigten Motor nicht mehr Höhe gewinnen kann.

Aussteigen?

Alle drei wissen viel zu gut, daß das der letzte Ausweg bei einer He 111 ist: Wie viele Male haben sie nicht von Kameraden gehört, die aus der Kanzel herausgekrochen sind und versucht haben, sich nach hinten wegzuziehen, nur damit ihnen Oberkörper und Arme von der scharfen Schwanzflosse verstümmelt wurden!

Außerdem: Den leblosen Willy im Stich zu lassen, kommt nicht in Frage. Die Jungs wissen in der Zwischenzeit, daß die He 111 selbst ohne Motorkraft nur langsam sinkt, sowohl Günther als auch Karl haben die relativ sanfte Landung in Polen im letzten Jahr gut in Erinnerung. Die Engländer sind in der unmittelbaren Nähe nicht zu sehen, es kann sein, daß ihnen die Munition ausgegangen ist.

Während des Angriffes sind sie dem Haupttal ostwärts gefolgt. Gerade unter ihnen an Steuerbord steigt ein steiler Berg herauf vom Talboden, sie sind über dem Lesjaskogs-See. Südlich des Berges flacht die Hochebene in sanfte Kuppen ab. Richard legt die Maschine nach Steuerbord hinüber, er hat gerade eben noch Steuerwirkung und verfehlt den steilen Berg unter ihnen nur knapp. Weiter vorne sehen sie die Vertiefung eines Seitentales. Sie schätzen einen Augenblick ab, ob sie auch noch über dieses Tal kommen. Es dreht sich darum, so nahe bei den eigenen Truppen zu landen wie möglich.

»Wir kommen nicht hinüber«, sagt Richard. Günther nickt, er ist der gleichen Meinung. Er ruft zum Funker:

»Keinen Kontakt mit den anderen?«

»Wir kriegen sie nicht 'rein, alles tot«, antwortet Karl.

Der Hang zum Seitental hinunter nähert sich rasch, Richard muß eine schnelle Entscheidung treffen. Halb rechts nach vorne sieht es wie eine sanfte Senke zwischen den runden Kuppen aus, er dreht leicht nach Steuerbord und setzt zur Landung an. Das ausgefahrene Fahrgestell würde beim Auftreffen auf den Schnee einen Purzelbaum bedeuten – und das Ende.

Günther erinnert sich vom Polenfeldzug, wie die Bodenwanne beim Aufprall auf das Kartoffelfeld abgerissen worden war. Deshalb gibt er Karl den Befehl, Willy herauf in den Rumpf zu ziehen. Karl packt den leblosen Kameraden, der ist schwer. Er war wohl nicht umsonst einmal Schmied gewesen. Er bekommt ihn nach oben, hält seinen Körper zwischen den Knien fest, wo er jetzt sitzt, und hält den Atem an: Die grell weiße Fläche kommt ihnen mit rasender Geschwindigkeit entgegen, es ist wie eine Explosion von Schnee, als die Propeller den Boden treffen, sie werden abgeknickt und wirken jetzt doch tatsächlich wie Schlittenkufen. Die Wanne, in der Willy einen Augenblick vorher gelegen hatte, wird ganz abgerissen – in wenigen Sekunden ist der ganze Achterrumpf des Flugzeuges fest mit Schnee gepackt, der durch das klaffende Loch hereinschäumt, wo die Wanne gewesen war.

Nachdem sie einige hundert Meter den Schneehang hinuntergerutscht ist, legt sich die Maschine quer und bleibt mit der Nase entgegengesetzt zur Landungsrichtung liegen.

Der Schnee geht bis ganz unter die Flügel, die überhitzten Motoren zischen, überall ist Dampf von geschmolzenem Schnee. Einen Augenblick bleiben die Jungs wie angenagelt sitzen, dann wird ihnen bewußt, daß es gut gegangen ist und sie flüchten auf die Flügel hinaus. Sie springen in den Schnee hinunter, der so tief ist, daß sie bis zur Brust einsinken.

Es geht darum, so schnell wie möglich wegzukommen, sie erwarten, daß die Benzintanks jeden Augenblick in die Luft gehen.

Aber die kalte Dusche, die die Motoren im tiefen Schnee bekommen haben, muß sehr wirksam gewesen sein – nichts passiert.

Da sehen sie es: Eine Skua kommt gegen den Landungsplatz heruntergebraust.

Die drei stehen wie versteinert, hier kann man sich nirgendwo verstecken, sie stehen bis zum Gürtel im Schnee und sind unbewegliche Zielscheiben. Aber der Engländer schießt nicht, er zieht wieder hoch. Dann kommt er in einem neuen Bogen zurück, aber auch jetzt eröffnet er das Feuer nicht. Er wackelt nur mit den Flächen und verschwindet.

Denn dies ist das erste Jahr des Krieges, und es bleibt noch ein wenig Menschlichkeit in all dem Irrsinn.

Die Skua verlieren sich hinter dem nächsten blauen Bergrücken am Horizont, plötzlich ist eine unwirkliche Stille ringsum.

Wo ist Willy?

Sie kriechen wieder in die Maschine hinein und fangen zu suchen an. Aus dem Schnee, der den halben Rumpf füllt, kräuselt sich ein dünnes Kabel heraus: Es kommt von den Kopfhörern des Bordmechanikers.

Bald haben sie seinen Körper freibekommen, legen ihn auf den Schnee. Er ist fahl und leblos.

Das Gesicht ist von zehn Kugeln getroffen worden. Die rechte Seite der Stirn ist eine einzige klaffende Wunde, die unter den Lederhelm hinein verschwindet.

Sie machen die braune Fliegerkombination auf: die Druckknöpfe am Hals, den Reißverschluß, der quer von der Schulter hinunter zur

Hüfte geht. Machen die vier Knöpfe in der kurzen Fliegerbluse auf. Willy atmet nicht. Sie zählen zwanzig Schußverwundungen in seinem Brustkorb.

Günther bricht die Erkennungsmarke entzwei, läßt das Gegenstück zurück. Sie knöpfen die Uniform wieder zu. Sechs starke Hände fassen den schweren Körper an, legen Willy im Schnee gegen die Rückwand des Funkraumes.

Sie sagen nicht viel.

Karl beugt sich noch einmal über den Kameraden, zieht im die Armbanduhr ab. Zieht den Handschuh von der rechten, leblosen Hand. Der Ehering. Er dreht ihn vorsichtig ab und legt eine Decke über den Körper. Es ist 11 Uhr 50.

Ein Andenken für Leutnant Collett

Um 10 Uhr am selben Morgen sind Peter Bramwell und John Collett von der ›Ark Royal‹ zusammen mit fünf anderen ›Skua‹ zu einem neuen Einsatz gestartet. Sie haben nicht so einen langen Weg zum Land wie gestern, beide Flugzeugträger haben im Laufe der Nacht eine Position von nur 130 km vor der norwegischen Küste erreicht, und sie bekommen in dem klaren Wetter auch gleich das Land in Sicht. Die sechs Maschinen von der 801. Staffel haben den Befehl bekommen, über dem Lesjaskogs-See Patrouille zu fliegen und sollen sich über dem Gebiet halten, solange sie Treibstoff genug haben, um auf etwa 5000 Meter, der Maximalhöhe für die Blackburn ›Skua‹, zu operieren.

Bramwell weiß, daß er sich über dem Ziel in dieser Höhe eine Stunde lang halten kann, bevor die Flugzeuge wieder Kurs auf die ›Ark Royal‹ nehmen müssen. Ohne Sauerstoffausrüstung haben sie höher auch nichts zu suchen, selbst wenn sie sich schmerzlich darüber im klaren sind, daß die deutschen He 111 und Ju 88 – die eine ganz wesentliche Bedrohung für beide Landungs-Stützpunkte, den Transportweg entlang dem Gudbrandstal und die eigenen Truppen im Gebiet von Kvam darstellen – fast doppelt so hoch gehen können, weil ihre Besatzungen Sauerstoffmasken haben.

Als sie südostwärts über die felsigen Gipfel am Romstal fliegen, wird ihm bewußt, daß er den Auftrag nicht mag. Er und Collett hatten noch gestern Abend darüber gesprochen, daß es ganz und gar nicht in Ordnung war, daß das Marine-Fliegerkorps nicht imstande gewesen war, besseres Material aufzustellen als das, womit sie jetzt fliegen. Die ›Skua‹ sind modern, jawohl, aber nicht modern genug. Er weiß innerlich nur zu gut, wie die Deutschen die Zähne zeigen können, und hier sitzt er am Knüppel eines Flugzeuges, das sich Jagdbomber nennt, eine Kombinationslösung, die zu wenig Bombenlast und auch zu wenig Manövrierfähigkeit als Jagdflugzeug hat. Es ist schlimm, das über den neuen Eindecker Seiner Majestät sagen zu müssen, aber er ist zu langsam.

Die sechs Maschinen fliegen in Rotten über dem Patrouillengebiet. Neben Bramwells und Colletts A7-A fliegen Leutnant Martyn mit Korporal Reg. Davies als Funker und Heckschütze. Martyn fliegt die A7-C, während sie Fähnrich B. J. Wigginton mit der A7-B genau achtern in der nächsten Formation haben.

A7-A und 7-C haben vorne den Luftraum über dem zugefrorenen Binnensee erreicht und halten sich jetzt beisammen, während sie in weiten Kreisen über die schneebedeckten Berge fliegen. Es ist keine feindliche Aktivität über dem neuen Luftstützpunkt da unten auf dem Eis. Der wirkt verdammt friedlich, so friedlich, daß da etwas nicht stimmen kann, wundert sich Peter Bramwell.

Sie haben fast die ganze zugeteilte Zeit über dem Gebiet gekreist. Es ist 11 Uhr 40, als Collett durch die »Gosport-Röhre« ruft – eine Art Sprachrohr, wie man es zwischen der Brücke und dem Maschinenraum eines Schiffes hat. Dies ist die einzige Kommunikationsmöglichkeit zwischen den beiden, die mit den Rücken gegeneinander im Cockpit sitzen. Das bedeutet, daß Collett nur den Luftraum nach hinten und zur Seite beobachten kann.

Jetzt hört Bramwell, wie Collett ruft:

»Zwei Heinkel achtern an Backbord, es kommt noch eine, aber die fliegt weit hinten!«

Martyn und Davies in der A7-C müssen gerade dasselbe gesehen haben, denn beide ›Skua‹ ziehen wie auf gemeinsames Kommando gegen Steuerbord, hinauf gegen die Sonne, um in Angriffsposition zu kommen.

Die letzte der drei Heinkel hat einen Schaden. Sie können einen schwarzen Ölstreifen sehen, der wie ein schmaler Schleier hinter dem Steuerbordmotor steht.

»Wir nehmen den letzten!«

Bramwell, mit Martyn dicht dahinter, stürzt aus der Sonne gegen den Deutschen hinunter, der viel niedriger fliegt, als es bei diesen Maschinen üblich ist. Etwas ist nicht in Ordnung, das muß ein leichtes Geschäft werden, denkt Bramwell, als er dicht unter dem hellblauen Bauch des Bombers vorbeifegt, wendet, und von hinten angreift.

Die vier Browning-Maschinengewehre in den Flügeln legen los. Kurze, heftige Feuerstöße knallen gegen den Deutschen. Gleichzeitig muß Bramwell darauf achten, mit der ›Skua‹ so zu kurven, daß die Ölschmiere von dem einen Motor nicht in seinen Propeller kommt und die Frontscheibe des Cockpits versaut.

Denn jetzt kann er die Sicht gut brauchen, die er hat: Er schickt einen neuen Feuerstoß in den zerstörten Motor, aber er sieht auch, daß der Schütze im oberen Gefechtstand da vorne reagiert. Grelles gelbes Aufblitzen sagt ihm, daß das beschädigte Flugzeug sich anschickt, mit gleicher Münze zurückzuzahlen.

Bramwell sieht, daß er den Motor voll getroffen hat. So taucht er vor der Garbe der Heinkel weg, um stattdessen die hellblaue Unterseite etwas zu bedenken. Auch da zeigt ein Maschinengewehr auf ihn, er liegt jetzt nur 40 bis 50 Meter hinter dem Deutschen und kann ein Gesicht dort drinnen in der Bodenwanne sehen. Bramwell zieht wieder am Abzug und sieht, daß die Kugeln um das Maschinengewehr herum in den Bauch des Flugzeuges hineinschlagen. Der feindliche Bordschütze erwidert das Feuer nicht.

Leutnant Martyn in der A7-C nutzt den Vorteil aus, jetzt übernimmt er das Vorspiel und beschießt den Backbordmotor. Beide Motoren sind jetzt getroffen, nach dem Rauch zu urteilen, der nach rückwärts gegen sie qualmt. Und der Bomber verliert an Höhe.

Bramwell und Martyn fallen zurück, beide haben die Magazine fast leergeschossen. Sie sehen, daß die Heinkel zum Tode verurteilt ist, riskieren es aber nicht, ohne schußbereite Waffen nachzufolgen.

Durch die »Gosport« gibt Bramwell, der die ganze Zeit Collett über den Verlauf des Spektakels unterrichtet hat, dem Funker Befehl, die anderen ›Skua‹ anzurufen und sie zu bitten, nachzusehen, wie es mit dem krankgeschossenen Deutschen steht, der jetzt immer weiter an Höhe verliert.

Im Eifer des Gefechtes hat Bramwell nicht bemerkt, daß Fähnrich Wigginton in der A7-B die Verfolgung der zwei vorderen Heinkel aufgenommen hatte. Er hatte sich von hinten zu den zwei Deutschen gleiten lassen, hat einen Feuerstoß gegen die Steuerbordseite des einen Bombers abgegeben und außerdem einen ordentlichen Treffer in den Steuerbordmotor hineinbekommen. Der hat das seine getan, denn auch von diesem Flugzeug strömt jetzt eine dicke schwarze Rauchfahne.

Jetzt empfängt der Funker bei Wigginton, Schütze E. Adlam, Bramwells Befehl, und die A7-B kehrt zurück, um das Resultat von Bramwells und Martyns Angriff nachzuprüfen. Der dunkle Rumpf des Bombers ist gegen die weiße Schneefläche deutlich auszumachen, und Wigginton taucht hinunter zu der bruchgelandeten Maschine.

Er sieht drei Männer, die wie festgefroren im Schnee neben dem Wrack stehen, zieht hoch und taucht noch einmal hinunter nach den dreien. »Cheerio, boys«, murmelt er, während er mit den Flügeln wackelt, und dann verschwindet er nach Westen.

»Die haben einen interessanten Fußmarsch vor sich!«, bemerkt er trocken zu Adlam hinten.

Es ist auf alle Fälle sicher, daß dem Chef und Martyn ein abgeschossener Gegner gutgeschrieben werden kann. Er selbst rechnet mit einem »Probable« für die Heinkel, bei der er den Motor zerschossen hatte und die nach Süden verschwunden war. Aber ein »Probable«, d. h. ein wahrscheinlicher Abschuß, ist besser als gar nichts.

Rottenweise begeben sich die ›Skua‹ zurück zur ›Ark Royal‹. Um halb zwei Uhr nachmittags setzt Bramwell seine 7-A sicher auf das Deck auf.

»Mit dem hatten wir Glück!« sagt er zum jungen Collett, als sie die Maschine dem Deckpersonal überlassen.

»Ich habe überhaupt nichts davon gesehen, was Du getrieben hast, ich bekam nicht einen Schuß los«, antwortet Collett. »Aber ich habe doch tatsächlich zwei mehr mit nach Hause gebracht, als wir mit hatten.«

Bevor Bramwell das Gesicht zu einem Fragezeichen verziehen kann, macht Collett die Hand auf und läßt den Chef die zwei 7,92-mm-Maschinengewehrkugeln sehen, die er gerade als Andenken aus dem Rumpf herausgelöst hat.

Ein kalter Marsch

»Wir müssen von den Norwegern auch gesehen worden sein. Sie können jederzeit kommen.« Günther breitet die Karte auf der Tragfläche aus. »Sonderausgabe 1940. Nicht für die Öffentlichkeit bestimmt« steht mit großer Schrift auf dem Rand der Karte. Er zeigt auf einige eingezeichneten Symbole:

»Unsere eigenen Truppen kämpfen bei Kvam. So schnell wie der Vormarsch nun geht, können sie in wenigen Tagen in Dombås sein. »Außerdem«, setzt er hinzu, »wird das jetzt so eine Sache mit der Luftunterstützung für die Norweger werden, nach gestern.«

Doch, sie hatten da reinen Tisch auf dem Lesjaskogs-See gemacht. Die Überlegenheit der deutschen Luftwaffe war fast vollständig, und der Fall Polen hatte den Generalen gezeigt, was die Luftherrschaft für den günstigen Ausgang eines Blitzkrieges bedeutete. Die beste Armee der Welt würde also nicht lange brauchen, um das Gebiet zu erreichen, wo die drei sich jetzt befanden.

»Wir müssen versuchen, uns weiter nach Osten zu halten, und dann im Süden des Gudbrandstals entlang zu gehen, bis wir unsere eigenen Leute treffen«, faßt Günther zusammen. Die zwei anderen nicken zustimmend. Außerdem pflegen sie nicht an dem herumzudiskutieren, was der Oberfeldwebel sagt. Er wirkt irgendwie souverän und sicher.

So begeben sich die drei im tiefen Schnee auf den Weg.

Sie befinden sich in großer Höhe: Unmittelbar bevor Richard die Maschine hinunter auf den verschneiten Abhang setzte, hatte ein Blick auf den Höhenmesser 1700 Meter gezeigt.

Rings herum sind sanftgerundete Höhen. Weit im Westen türmt sich eine steile Wand auf 2000 Meter hinauf. Im Süden schimmert eine Reihe von spitzen Gipfeln. Vor ihnen fällt das Gelände rasch ab, es war hier, wo sie von der Luft aus das Seitental gesehen hatten, das vom größerern Tal in Lesja abzweigt.

Sie waren gestern über dasselbe Gebiet geflogen und hatten den Eindruck gewonnen, daß dieses Tal wohl kaum bewohnt sei. Sie mußten es also ohne besonderes Risiko überqueren und den Talhang auf der anderen Seite hinaufklettern können. Sie hatten da nur eine einzelne Skispur gesehen, es gibt sicher keine Aktivität hier, wo eine vollständige Einöde zu sein scheint.

Sie sind jetzt keine jungen Adler mehr.

Sie bewegen sich in dem fast bodenlosen Schnee mühsam hinunter, haben den Aufbruch kurz gemacht. Sie haben nur Gedanken daran, soweit weg wie möglich zu kommen. Ein guter deutscher Soldat läßt sich nicht gefangennehmen, solange er etwas dagegen tun kann.

Es geht langsam: Die Sonne steht gerade im Süden und hoch im Himmel.

Der Schnee fällt etwas zusammen, wenn sie hineintreten. Nach einer Stunde sind sie nur einige hundert Meter weiter gekommen. Karl geht als Letzter: das Bein schmerzt, er ist an zwei Stellen verwundet worden und hat eine Fleischwunde direkt oberhalb des Knies. Geronnenes Blut hat sich auf der Stirn und das Kinn hinunter festgeklebt, vom Streifschuß in den Haarwurzeln.

Sie erreichen weiter unten eine tiefe Mulde, eine kraterähnliche, flache Senke. Sie halten an, um Atem zu holen, sehen zurück die Spuren entlang. Da oben liegt ihr Flugzeug, halb im Schnee eingesunken, der grüne Tarnanstrich in bedeutungslosem Kontrast zu all dem grellen Weiß.

Da oben liegt einer, zurückgelassen. Sie sagen nicht viel. Mit einem Mal sind sie nur drei Jungen, die einen Kameraden verloren haben.

Sie kämpfen sich weiter durch; schaffen sie einen halben Kilometer in der Stunde? Das Gelände fängt an, sehr schräg abzufallen, jetzt können sie hinunter in das Seitental sehen, das sich bei Lesja fast genau von Osten nach Westen erstreckt. Dickes Birkengestrüpp folgt den Berghängen, soweit sie jetzt nach Westen sehen können. Gerade unter ihnen liegt etwas, das auf den ersten Blick wie ein Bauernhof mit vielen Gebäuden aussieht. Durch das Fernglas können sie kein Zeichen von Leben sehen, keine Spur, keinen Rauch aus irgendeinem Schornstein. Das muß eine Alm sein. Das Tal entlang breitet sich Tannenwald aus.

Sie sind aus der weiten Senke unter dem Ort ihrer Notlandung herausgekommen, folgen jetzt dem Ufer eines verschneiten Bachbetts. Da: Flugzeuglärm.

Nein, sie hören nicht falsch, selbst wenn sie noch nichts am blauen und wolkenfreien Himmel sehen können. Wieder Engländer? Das Geräusch kommt von Süden. Da kommt eine einzelne zweimotorige Maschine in Sicht, die schiefe Nase, die breiten, elliptischen Flügel, es ist eine He 111! Die Maschine streicht so dicht über sie hinweg,

Links: Lieutenant Commander Bramwell – der Staffelkapitän, der den Angriff auf die drei deutschen Heinkel bei Andalsnes leitete.
(Copyright: Imperial War Museum)

Unten: Reg. Davies (links) und James W. Collett – Funker und Bordschütze der zwei »Skua«, die die 5J+CN angriffen.
(Copyright: Imperial War Museum)

»Skua« von der Staffel 801, Fleet Air Arm, fotografiert auf dem Stützpunkt auf den Shetland-Inseln.
(Copyright: Imperial War Museum)

Deutsche Kriegsgefangene kommen in Schottland an. Rick Chapman war sehr überrascht, als er dieses Archivbild sah, das in der ersten Phase des Krieges aufgenommen wurde, als deutsche Gefangene auf englischem Boden eine Neuigkeit waren. Der große Mann links im Bild ist nämlich kein anderer als Oberfeldwebel Hölscher! *(Copyright: Imperial War Museum)*

»Ein altes Bild taucht auf!« Als diese Aufnahme wieder auftauchte, näherte sich das Rätsel seiner Lösung – das Bild wurde nur wenige Jahre nach der Landung gemacht, bevor Wind und Wetter die Farbe auf dem Rumpf völlig abblättern ließen. *(Foto: Ø. Mølmen)*

Fund aus dem Overall des Toten im Wrack der 5J+CN: Eine Trillerpfeife, ein Pfennigstück, das von einer Kugel krummgeschlagen ist, eine Postquittung mit Stempel vom 23. 4. 40, die Quittung für ein Paket, das Willy seiner Frau geschickt hatte. *(A-Foto, J. Myhre)*

Oben: Am 16. Juli 1945: Øystein, fotografiert auf dem Kanzeldach der 5J+CN. Er hat gerade die sterblichen Reste Willy Stocks in der Geröllhalde neben dem Wrack begraben. Man beachte im Hintergrund die Schneedecke am Abhang zum Digervarden hinauf – hier ist grimmiges Wetter selbst im Hochsommer. *(Foto: G. Kjelshus)*

Mitte: Der Ölkühler des Steuerbordmotors. Man sieht deutlich, wie Splitter vom Treffer des HMS »Manchester« das Kühlergitter zerstört haben. *(Foto: Øystein Mølmen)*

Unten: Deutsche Kriegsgefangene in Lesja machten ein Kreuz, das sie beim Grab ihres unbekannten Kameraden oben im Gebirge aufstellen wollten. Aber sie fanden die richtige Stelle nicht, und das Kreuz wurde bei Gjelåtåe oberhalb Lordalen gesetzt. Es trug die Inschrift: »Unbekannter deutscher Flieger« und wurde in den folgenden Jahren von Jägern als Brennholz für Kaffee zerhackt. *(Foto: Ø. Mølmen)*

daß sie sogar das Kennzeichen sehen und feststellen können, daß sie zu ihrer eigenen Staffel gehört, es ist das Flugzeug des Staffelkapitäns! Sie schwenken heftig die Arme, jetzt müssen sie gesehen worden sein! Sicherheitshalber legt Günther eine Patrone in die Signalpistole, schießt in Richtung auf die Maschine. Das Flugzeug streicht niedrig zu dem Höhenzug da oben, wo ihre eigene Maschine geblieben ist, am Fluggeräusch können sie hören, daß sie um den Ort kreist und den gleichen Weg zurückkommt. Sie donnert geradewegs über ihre Köpfe und verschwindet auf dem gleichen Weg, auf dem sie gekommen war. Aber wackeln sie denn nicht mit den Flügeln? Haben sie uns nicht gesehen?

Das Fluggeräusch stirbt wieder ab, sie sind aufs neue allein, kommen mühsam hinunter, haben die Obergrenze der Birken erreicht, hier ist es womöglich noch bodenloser. Das Wäldchen ist so dicht, daß sie sich einen Weg hindurch bahnen müssen. Steife, knorrige Zweige schlagen immer wieder nach ihnen. Die Sonne steht tiefer und tiefer, bald schießen lange Schatten von Höhen und Gipfeln auf der Abendseite vor.

Es ist windstill, und der Sonnenuntergang schafft ein Landschaftsbild, das die drei dazu bewegt, anzuhalten und nur zu schauen, jetzt wird auch der Schnee auf den Spitzen auf der anderen Seite des Tals rosa.

Karl hinkt ständig nach, hat Blut verloren. Jeder Schritt sticht wie mit Messern in das rechte Bein. Sie müssen ein Dach über dem Kopf finden: Als die Sonne unterging, fing es an kalt zu werden, die Burschen schaffen es nicht, so schnell zu gehen, daß sie warm bleiben. Am schlimmsten ist es mit den Füßen, die Kälte brennt in den Zehen und Ballen. Von oben hatten sie eine kleine Hütte halbwegs unten im Waldgürtel angepeilt. Sie dachten einen Augenblick daran, die Alm zu suchen. Aber das wäre wohl zu riskant gewesen. Die Hütte liegt höher, einsamer, besser da. Keine besondere Bude, drei Meter im Quadrat. Ein rauher, schimmeliger Geruch schlägt ihnen entgegen, als sie die unverschlossene Tür aufmachen und hineintaumeln. Sie sind durchnäßt und frieren jetzt schlimmer, da sie haltgemacht haben. Es steht ein Ofen in der Hütte – ohne Ofenrohr. Sie zittern vor Müdigkeit, haben seit dem Morgen nichts gegessen. Sie haben bis jetzt keine Gedanken an Essen gehabt, wichtiger war es, soweit wie möglich wegzukommen. Jetzt erst besinnen sie sich: Im Flugzeug da oben liegt reichlich Notproviant, ja sogar Zigaretten und eine Flasche Kognak. Diese Sachen waren immer direkt unter der Rumpfoberseite, achtern im Funkraum, zusammen mit dem Schlauchboot.

Als sie notlandeten und die Bodenwanne abgerissen wurde, wurde der hintere Rumpf mit Schnee gefüllt, das Schlauchboot war nicht mehr zu sehen, und damit dachten die drei in der Eile nicht an die Notversorgung.

Das einzige, was sie jetzt zu essen haben, ist die eiserne Ration jedes einzelnen, die immer in der Tasche der Fliegerkombination ist: Ein Stück Schokolade und ein Päckchen mit Fruchtgebäck. Zusätzlich hatten sie Willys Ration mit sich genommen. Er brauchte sie ja doch nicht mehr.

Zurückgehen zu dem Proviant im Schlauchboot?

Es ist nicht daran zu denken. Nicht den gleichen Weg zurück.

Sie durchsuchen die Hütte, hoffen etwas Eßbares zu finden. Oder Skier, Schneeschuhe? Aber hier ist alles leer.

Die Nacht wird sternenklar, die Temperatur sinkt rasch, und die Burschen frieren jetzt richtig.

Sie schauen nach den Verwundungen von Stolz. Es sieht nicht gut aus: Im Oberschenkel sitzt eine Kugel, können sie fühlen. Das Bein ist geschwollen, die Wunden haben eine lila Farbe bekommen.

Es wird ein langer Weg werden, das wissen sie schon an diesem Abend. Sie hätten vielleicht abwechselnd draußen Wache stehen sollen, aber sie sind zu erschöpft dazu. Sie begnügen sich nur damit, hin und wieder hinauszuschauen. Und bemerken, daß, sobald es Abend wird, der Schnee hart wird.

Gegen Mitternacht schlafen sie noch nicht, es ist zu kalt. Es verklebt sich die Nase, wenn man Atem holt.

»Wir müssen weiter, sobald es einigermaßen hell wird«, sagt Günther. »Wir schaffen es nicht, voranzukommen, wenn der Schnee so lose ist. Jetzt trägt er schon, und der Frost muß wohl eine Zeit nach Sonnenaufgang halten.«

Fröstelnd vor Kälte verlassen sie die Hütte schon gegen drei Uhr. Es war so, wie sie angenommen hatten: Der Nachfrost hat es dazu gebracht, daß der Schnee ganz gut trägt.

Sie halten Richtung auf den Fluß zu, sie haben einen Kilometer weiter unten eine Brücke gesehen, aber der Umweg ist nicht notwendig. Es sind zwar hier und da schwarze, offene Löcher, wo sie das Wasser vorbeifließen sehen und hören können. Aber bald sind sie im Birkenwald auf der anderen Seite, die Eiskruste trägt gut.

Aber es geht trotzdem nicht schnell. Der Hunger nagt, die Kälte

74

hat ihren Tribut verlangt, es ist, als ob die Batterie nun leer wird. Karl bleibt ständig zurück, er hat wirkliche Probleme, Schritt zu halten.

Als die Sonne höher steigt, trägt die Eiskruste schlechter. Aufs Neue fangen sie an, einzubrechen, und jetzt ist es tatsächlich schlimmer als gestern, vorwärts zu kommen: Die Eisschicht, die nicht tragen will, ist trotzdem noch hart genug, so daß sie gebrochen werden muß. Richard und Günther wechseln sich damit ab, als erster zu gehen und die Kruste mit den Ellenbogen einzuschlagen.

Um zehn Uhr herum geben sie auf.

Sie haben es geschafft, sich in dem Hochgebirge auf der Südseite des Tals zu halten. Aber es ist klar, daß sie mit den Kräften haushalten müssen, es kann keinen Weitermarsch geben, bevor es wieder Abend wird. Sie haben Glück, finden einen einigermaßen kahlen Felsrücken, wo die Sonne schon ein bißchen Wärme hineingebacken hat. Sie werfen sich auf halbtrockenes Moos und rauhe Grasbüschel vom letzten Jahr, fallen für einige Minuten in Schlaf.

Aufs neue kommen Flugzeuge über das abgelegene Gebirgstal: Dieses Mal in großer Höhe, mit Kurs nach Nordwest. Umsonst schießen sie wieder Signalpatronen ab. Aber die Maschinen scheinen sie nicht zu beachten. Nach kurzer Zeit kommen sie zurück. Sie haben wohl Ziele auf der anderen Seite des Berges bombardiert, wo sie gestern notgelandet waren.

Einundeinehalbe Stunde später kommt eine neue Formation auf dem gleichen Kurs. Sind es die Kameraden der 5. Staffel?

Aber auch diese reagieren nicht auf die drei winzigen Punkte da unten auf der Hochebene.

Sie stapfen weiter, schon bevor die Kruste sich gesetzt hat. Günther hat sich vorgenommen, jeden Tag fünfzehn Kilometer weiter zu kommen. Er hofft, daß sie auf diese Weise bei Dovre auf eigene Truppen stoßen können. Der Mangel an Essen, das unaufhörliche Herumrudern in dem losen Schnee führen dazu, daß sie halb benommen sind. Die pelzgefütterten Fliegerstiefel sind längst durchnäßt, sie frieren so an den Beinen, daß sie keine langen Pausen machen können, sonst verlieren sie das Gefühl.

Mitten am Tag sticht die Sonne unbarmherzig, die Haut im Gesicht ist jetzt nicht nur verbrannt, sie fühlen sich abgehäutet. Der nasse Schnee reflektiert ungeheuer stark, die Strahlung tut körperlich weh. Am schlimmsten ist es für die Augen. Nichts, um sie zu schützen. Richard fühlt, daß es wie Sand hinter den Augenlidern wird, ahnt, daß er daran ist, schneeblind zu werden. Das Bein von Karl sieht nicht gut aus: die Wunden sind blau und beginnen anzuschwellen. Er kann nicht viel mehr als kriechen.

Der zweite Abend dunkelt, aufs neue kommt die Kälte angekrochen. Fast bewußtlos vor Müdigkeit müssen sie trotzdem weitergehen. Die durchnäßten Fliegerkombinationen werden steif vom Frost, aber sie müssen gehen und gehen, sollen sie die Wärme behalten – und das Leben. Die ganze Zeit haben sie Angst, in einer Schneespalte zu landen, sie haben davon gehört.

Als der neue Tag graut, sind sie trotzdem ein gutes Stück weitergekommen: Die Kruste hat wieder gut getragen. Sie sind so nahe bei der Talmündung, daß sie auf den Haupttalweg ostwärts nach Dombås hinunterschauen können. Sie haben sich die ganze Zeit nahe der Baumgrenze gehalten, auch um ein wahrscheinlich endloses Klettern über den mächtigen Kjølen zu vermeiden. Jetzt ziehen sie ganz zum Hang vor, verschaffen sich einen Überblick mit dem Fernglas. Auf der Hauptstraße weit unten können sie militärisches Treiben beobachten – aber sie können erkennen, daß die Soldaten »Waschschüsseln« und nicht Wehrmachthelme auf dem Kopf haben. Also sind sie noch im feindlichen Gebiet.

Und im Waldgürtel sehen sie jetzt eine Alm. Auch die sieht menschenleer aus. Stell' dir vor, wenn wir hier Skier finden könnten! Und etwas zum Essen!

Der Gedanke treibt sie mit einem Funken von Optimismus hinunter zu den schiefen alten Blockhäusern. Glas splittert – dann können sie das Innere durchsuchen. Aber nein, keine Skier. Und Schubladen und Schränke zeigen sich leer. Nicht das geringste Eßbare.

Einen Augenblick denken sie daran, Feuer zu machen, um wenigstens die Kleider trocken zu bekommen. Ein schwerer Feldsteinkamin steht so verlockend in der Ecke, mit kurzgehacktem Kiefernholz und trockenen Wacholderzweigen.

Aber Feuer zu machen, wäre doch das gleiche wie aller Welt zu sagen, daß hier Menschen sind: Der Rauch weitab von der Straße wäre sichtbar. Selbst als die Sonne draußen steigt, vermag sie nicht, die Hauskälte in die Flucht zu schlagen. Die drei haben sich jeder in eine Schlafkoje gezwängt, aber sie ertragen es nicht lange, so zu liegen – aufs neue bekommt der Frost die Oberhand.

In der nächsten Nacht schwanken sie halb bewußtlos ostwärts. Richard, der jetzt so gut wie blind ist, Karl, der weiß, daß er jetzt nicht mehr viel schaffen kann. Eine blauschwarze Farbe breitet sich von

76

der Schußwunde im Bein aus, das Wundfieber wütet im Körper. Alle drei haben große nässende Sonnenbrandwunden im Gesicht nach der gnadenlosen Sonne. Die Nachtkälte jagt neuen Schmerz in die Blasen hinein.

Der Durst ist wie ein Alptraum – sie sind darauf angewiesen, Schnee zu essen, und der Schnee trocknet die Schleimhäute im Mund aus. Auf noch eine Alm treffen sie. Auch hier ist kein Bissen zu finden. Stumm wanken sie weiter.

Am Morgen des dritten Tages ist es klar, daß sie nicht viel länger weitergehen können. Sie haben keine Energie mehr dazu.

Sie sind so weit ostwärts über das Gebirge gekommen, daß Dombås jetzt nur wenige Kilometer weiter weg unten im Tal liegt. Sobald das Morgengrauen in Tageslicht übergegangen ist, spähen sie erneut mit dem Fernglas nach dem Tal. Bei dem bombardierten Bahnhof von Dombås können sie Soldaten sehen – aber immer noch solche mit »Waschschüsseln«.

Weiter, weiter.

Später am Nachmittag erreichen sie wieder eine Alm, es ist zwei Uhr.

Hier finden sie etwas zum Essen! In einer kleinen Kammer hinter der Wohnstube in der Almhütte liegt ein Stapel flaches hartes Backwerk. Karl beißt versuchsweise hinein, es ist eßbar.

»Knäckebrot«, erklärt Günther, er hat etwas ähnliches schon einmal gegessen. Sie stopfen die Bissen in sich hinein, daß es nur so staubt. Die erste Nahrung in fast zweiundsiebzig Stunden!

Sie sind jetzt so mitgenommen, daß es auf sichtbaren Rauch nicht mehr ankommen kann – sie müssen ihre Kleidung trocknen und Schnee schmelzen.

Bald knistert es vom Eisenofen, ein Kessel gefüllt mit Schnee kommt darauf. Der Schnee ist kaum geschmolzen, bevor alle gierig schlürfen. Die nasse Kleidung wird ausgewrungen und im Zimmer aufgehängt. Die Karte zeigt, daß sie 45 Kilometer im Schnee gegangen sind. Sie halten Rat.

Es wird beschlossen, daß sie, erschöpft wie sie jetzt sind, mit dem fast blinden Richard und Karl, der kaum gehen kann, hier bleiben und Knäckebrot essen, bis die eigene Truppe die Norweger und Engländer weitergejagt hat. Es kann doch jetzt nicht mehr lange dauern.

Rekrut Hansen studiert Spuren

Rekrut Per Hansen hat im Herbst 1939 den Grundwehrdienst abgeleistet. In 84 Tagen hatte er die Ausbildung bekommen, von der die Behörden des Landes meinten, sie sei ausreichend für Soldaten, die die Neutralität des Landes schützen sollen. Er wurde vor Weihnachten entlassen und konnte nach Hause nach Kristiansund fahren und das zivile Leben wieder aufnehmen – die Unterbrechung in Uniform war nicht besonders schlimm gewesen.

Aber das neue Jahr wurde nicht alt, bevor er aufs neue einberufen wurde; der Druck auf Norwegens Neutralität steigerte sich ständig. Britische Seestreitkräfte wollten auf norgewischem Seegebiet operieren, die Deutschen forderten das Recht, norwegische Schifffahrtswege zu benutzen, sowohl mit Handelsschiffen wie auch mit Kriegsschiffen. Flakschütze Per Hansen und seine Kameraden wurden wohl allmählich mit der immer angespannteren Situation vertraut, aber als sie in der Nacht zum 9. April einen Scheinwerferposten beim Smestaddamm in Oslo bemannten, erwarteten sie nichts besonderes.

Alarm war etwas, mit dem sie vertraut geworden waren – Übungen, die zur Routine geworden waren. Als der Alarm in dieser Nacht gegen 2 Uhr kam, quittierten sie ihn durch ein kurzes Blinken mit dem Scheinwerfer. Sie konnten kaum glauben, daß es wahr war, als kurz danach eine Meldung über das Telefon kam: Feindliche Flugzeuge haben Kurs nordwärts gegen Oslo, macht klar zum Gefecht!

Bei Tagesgrauen kam eine neue Meldung: Macht alles klar, um das Material in das Landesinnere zu bringen. Militärlastwagen abwarten!

Jetzt sehen sie, daß Flugzeuge auf Fornebu landen, hören Detonationen, es ist offensichtlich Krieg da unten.

Kommen denn die Wagen nicht? Der Sergeant ist unruhig, beschlagnahmt drei zivile Wagen. Aber da kommen die Militärfahrzeuge doch, mit norwegischen Kennzeichen.

Nur, daß aus den Wagen Soldaten in deutschen Uniformen springen – Fallschirmjäger. Sie gehen in Deckung hinter einer Steinmauer und eröffnen das Feuer. Um sich zu verteidigen, haben die drei norwegischen Soldaten zusammen vier Patronen, nämlich Wachmunition, die bei jeder Wachablösung von Tasche zu Tasche geht. Per Hansen und seine zwei Kameraden haben Deckung in einem Eishaus einige hundert Meter jenseits der Scheinwerferstellung gesucht, es wird als Lagerschuppen für die Blöcke benutzt, die auf dem Smestaddamm geschnitten werden. Zur Isolation sind reichlich Torfballen um die Eisblöcke herum gepackt. Dieser Torf wird die Rettung der Jungs – denn jetzt spritzen die Kugeln nur so von den Mauser-Karabinern beim Steinwall.

Die Deutschen stürmen in das Eishaus, werfen eine Handgranate. Aber noch einmal schützt sie der Torf. Einer von den dreien wird trotzdem durch einen Schuß verwundet. Sie binden eine Finnlandsmütze um den Lauf des Krag-Gewehrs und winken. Ein neuer Kugelschauer ist die Antwort. Als sie das nächste Mal mit der weißen Mütze winken, hört das Feuer auf.

Sie werden gefangen genommen; das heißt, die Deutschen lassen den Verwundeten zurück, im Eishaus, liegen. Er lebt, aber er hat einen Schuß quer durch den Helm. Die anderen zwei werden nach Fornebu gefahren. Sie bekommen genügend Zeit, die brennenden Flugzeugwracks und die zahlreichen Bombenkrater zu studieren. Neugierig sehen sie auf das deutsche Personal, von dem es überall nur so wimmelt. Per Hansen bemerkt die gut ausgerüsteten Flieger, die unter anderem solch schöne Stiefel haben. Schließlich werden sie zusammen mit anderen norwegischen Gefangenen hinein in die Stadt geführt. Werden zum Parlamentsgebäude gebracht, das jetzt als Sammelpunkt dient. Ein deutscher Offizier tritt Hansen und seinen Kameraden freundlich entgegen – der Kamerad hat in Deutschland studiert und spricht fließend Deutsch. Der Offizier sagt, daß sie als Freunde gekommen wären, um die Norweger von britischer Kriegsdrohung zu befreien, und stellt ein Ultimatum: Entweder müssen sie in deutsche Kriegsgefangenschaft gehen, oder sie können eine Loyalitätserklärung unterschreiben, daß sie keine Waffen mehr gegen die deutsche Wehrmacht ergreifen werden.

Sie bekommen zwanzig Minuten Bedenkzeit. Per Hansen unterschreibt und ist bald danach oben in Smestad, um seine privaten Sachen zu finden.

Ein junger Mann, der in der Nachbarschaft wohnt, Schiffsreederssohn ist er wohl, vermacht ihm eine Skiausrüstung und anderes, was er für die lange Reise gebrauchen kann, die jetzt bevorsteht: durch die Wälder von *Nordmarka* zu den norwegischen Truppen in Hadeland. Bei Kikut sammeln sich die Spuren von Scharen junger Männer in der gleichen Situation. Ein Strom von Skiläufern gleitet nach Jevnaker und Brandbu, dort sollte Mobilisierung sein. Über ihren Köpfen fliegen Flugzeuge nordwärts, so niedrig, daß sie leicht die schwarz-weißen Balkenkreuze unter den Flügeln sehen können.

Der Frühlingsschnee trägt gut, nach zwei Tagen durch den Wald können sie zum bebauten Gebiet in Lunner hinunterlaufen.

In Brandbu bekommen sie Uniformmütze und Gewehr, Patronentasche und Jacke. Bundhosen und Schuhwerk haben sie von früher.

In Raufoss melden sie sich bei Hauptmann Erichsen, von jetzt an ist Per Hansen ein Kämpfer der Luftabwehr von Raufoss, einer Abteilung, die schon eine Zeitlang im Einsatz gewesen und nach den Verhältnissen gut geübt und aufeinander eingespielt ist.

Tage vergehen, ohne daß große Dinge geschehen, aber in der Nacht zum 18. April kommen Befehle vom Oberkommando des norwegischen Heeres, daß die Luftabwehr von Raufoss nach Dombås verlegt werden und dort Flakschutz geben soll. Am Abend startet eine Kolonne von über 50 Wagen, die nach Gjøvik und nordwärts den Mjøsa-See entlang fährt. Die Deutschen rücken längs der Ostseite des Mjøsa-Sees vor. Bei Dovre stehen deutsche Fallschirmjäger in heftigem Kampf mit norwegischen Truppen. Bei Kvam wird die Kolonne gegen drei Uhr morgens angehalten. Die Nachricht geht von Wagen zu Wagen, fröstelnde Soldaten flüstern von Mann zu Mann: Deutsche Fallschirmtruppen halten das Tal geschlossen. Später am Tag kommt die Meldung, daß die Fallschirmjäger bei Dovre sich ergeben haben, der erste Zug mit britischen Soldaten in Richtung Süden kommt vorbei, die Stimmung ist sehr gut. Jetzt bekommt Norwegen Hilfe!

Am Abend geht es erneut nach Norden los. Langsam, weil die Straßen schlecht sind. Kaum noch kann so etwas Straße genannt werden, es ähnelt mehr einem gepflügten Feld. Bei Brennhaug können sie sich nur mit knapper Not durch den Schlamm kämpfen. Gleich vor Dombås wird der erste Wagen in der Kolonne von einem Maschinengewehr unter Feuer genommen. Glücklicherweise bekommt das Maschinengewehr Ladehemmung, aber drei Männer werden leicht verwundet. Es waren Burschen vom norwegischen IR 11, die geschossen hatten. Mit den Nerven angespannt nach dem Kampf mit den Fallschirmtruppen, hatten sie geglaubt, daß die behelmten Soldaten Deutsche seien!

In aller Frühe am Morgen des 20. April ist die Flugabwehr von Raufoss in Dombås angelangt – Per Hansen wird bei Blestrud stationiert, einem Bauernhof südlich des Eisenbahn-Knotenpunktes. Hier wird eine Batterie aufgestellt. Zwei Tage später eröffnen die Batterien das Feuer gegen feindliche Flugzeuge, die Dombås angreifen und das Bahnhofsgebiet bombardieren.

Die Bombenangriffe setzen sich fort, die Luftabwehr zeigt, daß sie die Deutschen nicht abschrecken kann, die Kanonen in Blestrud und bei Jora sind nicht wirksam genug. Die Flakabteilung von Raufoss verliert mehrere Männer. Die Engländer werden um Höhenmeßgeräte und Maschinengewehre gebeten, aber umsonst, sie haben nichts übrig.

Die Bombardierung nimmt zu, die Flakabteilungen werden wegen der risikoreichen Situation auseinandergezogen.

Und unter diesen Umständen findet Per Hansen sich auf einem Maschinengewehrposten oben im Gebirge südlich von Blestrud wieder. Der Posten verfügt über zwei norwegische Colt und ein erbeutetes deutsches Maschinengewehr und ist bei den Hardeggalmen genau unter dem charakteristischen Hardeggkampen in Stellung gegangen.

Von hier stürzt das Gelände steil hinunter nach Dombås, und mit einer Höhe von gut 300 Metern über dem Bahnhof hat man einen vollen Überblick über den Einflug der Deutschen. Die angreifenden Flugzeuge müssen einen Bogen machen, um in der richtigen Richtung über die Eisenbahnlinie zu kommen, und da passieren sie den kleinen Posten bei der Alm. Es ist fast unmöglich, die Maschinen zu treffen, wenn sie vorbeifegen.

Die Burschen sind auf die Alm verlegt worden, es sind zehn Männer, die sich darin abwechseln, die Maschinengewehre zu bemannen und hinein ins Gebirge zu patrouillieren. Nun ja, was heißt hier schon Patrouille, der Posten ist ziemlich improvisiert, keiner hat das Kommando und es gibt keine klaren Anweisungen. Aber gegen eine Skitour jeden zweiten Tag haben die Burschen nichts einzuwenden.

Vielleicht war auch etwas an den Gerüchten, die ständig umgingen, daß neue Fallschirmtruppen erwartet wurden? Die Nerven sind auf Hochspannung in diesen Tagen. Am 29. April ist es Per Hansens Gruppe, die Patrouille fährt. Sie streifen südwärts nach Slådalsveien zu, im Sommer ist hier ein schlechter Pfad hinüber nach Vågå. Hier, östlich vom Kjølen, ist eine ganz flache Hochebene mit kleinen Kuppen. Es ist Spätnachmittag, als sie die Kjøremnonshø erreicht haben.

Weiter gegen Südwesten erstrecken sich die Nonshømoore, bevor das Gelände sich aufs neue zu Grønhø und Knatthøin hinaufhebt.

Dort sehen sie Fußspuren. Die vier Burschen bewegen sich vorwärts, sausen über grobgekörnten Schnee, bald sind sie unten bei den Spuren.

Sie führen nach Osten. Einmal sind sie gut sichtbar, dort wo die Kruste zerbrochen ist, bald kann man sie kaum verfolgen, weil das Gelände gegen Norden gelegen ist, wo die Sonne nicht hinkommt. Dort trägt die Kruste stückweise sogar mittags.

Es ist merkwürdig, mit diesen Spuren, das können nicht Norweger sein. Kein Zivilist würde sich wohl in diesen Tagen einfallen lassen, ins Gebirge hineinzustapfen, und nie im Leben ohne Skier!

»Laßt mich das ein bißchen näher anschauen!« Es ist, als ob im Kopf von Per Hansen eine Glocke läutet, solche Fußabdrücke hat er doch schon einmal gesehen. Aber ja: Jetzt erinnert er sich daran – vom Schlamm auf Fornebu vor drei Wochen. Genau solche Abdrücke hatten die deutschen Fliegerstiefel gemacht!

Die Spuren führen direkt hinunter nach den Ukleivalmen, es sind knappe 8 Kilometer dorthin.

Auf Skiern und bergab dauert es nicht länger als eine Dreiviertelstunde. Für die, die die Spuren gemacht haben, muß der Marsch schwerer gewesen sein. Es ist deutlich, daß wenigstens einer von den dreien, die vor ihnen gegangen sind, verwundet ist, nach dem seltsamen Gang zu urteilen. Es müssen insgesamt drei gewesen sein, die hier gegangen sind.

Das Gelände wird steiler, als sie sich der Alm nähern. Da sehen sie, daß es aus dem Schornstein raucht.

Es mag etwa vier Uhr nachmittags sein, jedenfalls haben Hölscher & Co. begonnen, etwas Wärme in die Almhütte zu bekommen. Da drüben auf einem Bett mit hohem Rahmen und gehäkelter Bettdecke liegt Karl Stolz, das Bein hämmert und schmerzt. Über seinem Kopf ist ein Bild aus einem Wochenblatt angeheftet, es muß wohl der norwegische König sein, rund um das Bild sind Zweige von Zwergbirke und Wacholder als Schmuck gesteckt.

Richard Gumbrecht hat Wache und hält Ausschau. Allerdings, es ist keine besondere Wache, die er halten kann. Mit seinen Augen kann er fast nichts mehr sehen, der einzige Schutz ist, daß das Gesicht vom Sonnenbrand jetzt so qualvoll geschwollen ist, daß die Augen nur durch schmale Risse in der schwarzgebrannten Haut zu sehen sind.

Günther ist dabei, Kaffee zu kochen – sie haben eine Büchse mit Bohnen und eine alte Kaffeemühle gefunden. Die Kleider hängen zum Trocknen, sie haben nicht viel mehr als Hemd und Unterhose an. Dort drüben auf dem Tisch liegen die Koppel und die Pistolen.

Da ruft Richard: »Polizei, dort kommen Leute, das ist sicher Polizei!« Sie stürzen zum Fenster, sehen Männer in weißen Tarnanzügen gleitend in den Schnee stürzen, ihre Gewehre anlegen.

Günther eilt zur Pistole, reißt die Tür auf. Da wird ihm bewußt, daß die Situation unmöglich ist. Ja, tatsächlich ein bißchen komisch. Hier steht er, nur in der Unterhose, und 100 Meter weiter drüben zeigen drei, vier Gewehrmündungen auf die Almhütte.

Die Weißgekleideten hängen ein Stoffstückchen auf eines der Gewehre und geben Zeichen, daß die Deutschen sich ergeben sollen.

Mit den Armen über dem Kopf gehen die drei auf die Stufen der Hütte hinaus.

Einer der Weißgekleideten spricht fließend Deutsch, erklärt, daß sie norwegische Soldaten sind und daß die Deutschen jetzt ihre Gefangenen sind.

Alle stapfen in die Almhütte hinein, die Norweger sehen die Pistolen auf dem Tisch, nehmen sie an sich.

Das Gespräch geht leicht, wegen des Mannes, der Deutsch kann.

»Meine Mutter ist aus Österreich, deshalb«, erklärt er.

»Nun ja, es tut uns leid, daß wir hier sind«, sagt Günther. »Hat jemand Lust auf eine Zigarette? Sie sind ein bißchen feucht, aber es ist ein gutes Feuer im Ofen.«

Und ob! Per Hansen und die anderen vom Maschinengewehrtrupp sind in den letzten Tagen ohne Tabak gewesen, versuchten Moos zu rauchen, das sie aus den Blockhausritzen der Alm gezogen hatten. Sie hauen sich hin, sowohl die Flieger als auch die norwegischen Maschinengewehrschützen. Die Deutschen erklären, woher sie kommen.

»Hier«, sagt Günther und breitet die Karte aus, zeigt auf den Landungsort. Per bemerkt, daß auf der Karte »Nicht für die Öffentlichkeit bestimmt« gedruckt ist, daß norwegische und englische Stellungen mit Farbe eingezeichnet sind.

»Wir haben einen toten Kameraden im Flugzeug hinterlassen«, erklärt Günther. »Die Karte hier könnt Ihr behalten, unter der Bedingung, daß die Norweger den Toten vom Gebirge herunterbringen und ihn begraben. Einverstanden?«

Die Norweger nicken.

Und sehen, daß die Deutschen, die jetzt mitkommen sollen, aber keine Skier haben, vorher eine Ruhepause von mehreren Stunden brauchen.

Um halb acht Uhr bekommen sie den Befehl, sich anzuziehen, sie sollen losziehen. Es geht nicht schnell, auch jetzt nicht. Die Norweger auf Skiern brauchen nur mit den Händen in den Taschen dahinzustapfen, während sie die Stöcke nachziehen, um mit den dreien zu Fuß Schritt zu halten.

Es dunkelt schnell, als sie unten im Birkenwald angekommen sind.

Weiter unten im Tal nach dem Süden können Günther, Karl und Richard die Einschläge von deutschen Granatwerfern hören.

Es fehlten also nur noch ein paar Stunden, bevor wir es geschafft hätten, denken die drei bitter.

Das letzte Tageslicht schimmert über die Berge im Westen, in einem schmalen Streifen unter schwarzen Wolken, die sich auftürmen.

Oben auf dem Abhang hinter Brattmannhø kreist ein Kolkrabe mit kurzen Schwüngen. Schreit, landet steil auf einem Seitenruder mit dem Hakenkreuz darauf.

84

Ein Gedenkblatt von Lora

Sommer 1941. Es ist ein Tag mit feucht-kaltem Wetter, fröstelnd kühl, obwohl der Kalender Juli zeigt.

Auf die Rusten Alm sind gerade Leute gekommen, das Brausen des Wasserfalls hat seine jedes Jahr wiederkehrende Gesellschaft, den Lärm von Milchkannen, von Kuhglocken und vom Stampfen im Pferde- und Kuhstall bekommen.

Sechs junge Menschen gehen von der Alm ins Gebirge, überqueren die Lora bei Nybrufossen und klettern den Steilhang von Bjøkneseter hinauf. Jakob Jøndal ist einer von ihnen, er ist neunzehn. Es sind Tante Klara und Onkel Karl aus Holsetstuen, die auf Rusten Almwirtschaft betreiben. Zusammen mit ihrer Tochter und einigen anderen Freunden will Jakob eine Tour hinauf nach Digervarden machen. Ola Riise und andere, die weit hinüber nach Lesjaskog zu wohnen, hatten von einem deutschen Flugzeug erzählt, das im vorigen Frühjahr, als der Krieg durch das Dorf zog, angeschossen ostwärts geschwankt war.

Mehrere hatten es mit Kurs über dem Grøntal und hinein zum Tverrfjellet gesehen. Ola hatte einige Wochen danach eine Tour gemacht, ohne die Maschine zu sehen, die abgestürzt sein mußte. Denn sie hatte solch einen Rauch hinter sich hergezogen.

Die sechs sind über den Birkengürtel gekommen, tropfende Weiden und knorriges Wacholdergestrüpp haben die Beine klatschnaß gemacht: der Nieselregen fegt niedrig über die Brattmannhø, es ist kein Sommer hier oben.

Noch weiter oben gehen die Regenschauer in Hagel und Schneeregen über. Jakob friert es allmählich an den Beinen: Die Schuhe in diesen Krisenzeiten haben Pappe in den Bindesohlen, das ist ärmliches Schuhwerk für eine Gebirgstour.

Sie gehen nordwestwärts schräg hinauf. Nach ein paar Stunden in scharfem Geröll und über weiche Schneekruste taucht so etwas wie ein Geistervogel zwischen den Nebelfetzen auf.

Da! Dort liegt es, ein zweimotoriges Bombenflugzeug, das mußte das sein, von dem Ola erzählt hatte.

Durchnäßt und frierend wollen sie Schutz im Wrack suchen und klettern durch die Öffnung des oberen MG-Standes hinunter in das Halbdunkel.

Da liegt einer, und er muß lange da gelegen haben. Grinst leer gegen die Decke im Bombenraum.

Jakob macht sich nichts aus dem Anblick, die jungen Leute steigen über den Toten und kriechen durch die schmale Öffnung zum Achterrumpf – dort ist es windgeschützt. Draußen klagt der Wind, der peitschende Regen hämmert gegen das Leichtmetall.

Nein, Jakob macht sich nichts aus der Leiche. Denn der Tote war einer von denen, die mit dem schmerzvollen Frühling gekommen waren, letztes Jahr.

Jakob Jøndal war damals auf der landwirtschaftlichen Fachschule für Kleinbauern in Lena gewesen. Er hatte gehört, daß die Deutschen durch das Gudbrandstal vorrückten, es sollte harte Kämpfe im nördlichen Tal gegeben haben.

Qualvolle Ungewißheit: Wie war es daheim?

Erst an einem Tag im Mai bekommt er die Antwort: er macht die Lokalzeitung »Laagen« auf. Eine schwarze Überschrift fällt ihm ins Auge:

»Schwere Kriegsschäden in Dovre und Lesja. Anton Jøndal kam ums Leben, als sein Stall brannte.« Vater!

Er fühlt, daß der Abhang sich um ihn dreht, es schnürt ihm die Brust zusammen: »Eine Bombe fiel auf den Stall von Anton Jøndal beim Bahnhof von Lora. Er und seine Frau versorgten gerade das Vieh, als der Bomber kam . . .«

Plötzlich ist er so hilflos weit von zu Hause weg.

Signe und Anton Jøndals Hof, Øvre Stavheimshaugen, liegt neben der Hauptstraße von Lora, und nur einige Steinwürfe von der Eisenbahnlinie weg. In diesem Frühling waren nur zwei von den Kindern daheim, Magnus, 13, und Ester, 14 Jahre alt. Jakob war auf der Schule unten in Toten, und Svein war Handelsgehilfe in Sjusjøen.

Als der norwegisch-britische Widerstand begann, sich ernstlich aufzulösen, war eine Kompanie englischer Soldaten auf dem Rückzug westlich von Dombås. Die Soldaten wurden in Höfe in Lesja und Lora einquartiert, und dies hatten die Deutschen erfahren. Sie antworteten mit einem Bombenangriff gegen das Dorf – nachdem die Briten weitergezogen waren.

Viele Jahre später schreibt Magnus einen Brief an seine Nichte: »An Åse Marit.

Vieles hast Du sicher vom Krieg und den Kriegsjahren gehört, vielleicht am wenigsten von uns, Deinen nächsten Verwandten. Wir, die in Deinem Heim aufgewachsen sind, haben meistens keine Lust gehabt, die Erinnerungen hervorzuziehen. Wenn Du heute in den zweiten Stock zu Großmutter hinaufgehen würdest, und sie darum bitten würdest, zu erzählen, glaube ich, die Antwort wäre: ›Nein, Åse Marit, ich habe wohl nichts zu erzählen.‹ Und Großmutter muß am ehesten vergessen dürfen. Aber ob für sie wohl doch nicht die Apriltage aufs neue aufleben und das, was später kam, die (nazistische) Staatspolizei, behelmte Leute mit harten Gesichtern – sie kamen nicht mit Geschenken.

Wir waren zu Hause versammelt, als der Tag des Friedens kam. Der Jubel stand nicht bis zur Decke, andere durften jubeln. Zwei von den unseren waren nicht dabei, der eine würde wohl bald kommen, die Gefangenen waren jetzt freie Männer. Aber den anderen hatte der Krieg genommen. Und so gingen die Gedanken an diese Tage zurück und an den Tag, der ihn von uns riß, ein klarer und sonniger Apriltag 1940. Der Tag war der 29. April. Das war das Blatt, das Du aus meinem Kriegstagebuch haben wolltest . . .

Die besten Soldaten in Europa, durchtrainiert und tüchtig, haben sich in unserem ganzen Land festgesetzt. Die norwegische Verteidigung ist zu Boden geschlagen, norwegische Soldaten sind in den Schneehaufen im Kampf gegen die Übermacht verblutet. Ein Krag-Gewehr taugt nichts gegen automatische Waffen und Bomben.

›Wir glaubten an Frieden, wie zum Trotz‹, sagt der Kriegsdichter. Sie haben Otta genommen, heißt es. So sind sie denn schon ein gutes Stück auf dem Weg nach Dombås und Lesja vorangekommen.

Wir merken es jeden Tag, daß der Krieg näherrückt. Die Zahl der Flugzeuge in der Luft hat ziemlich zugenommen, die Schäden an der Eisenbahnlinie sind größer geworden, die Schwierigkeiten, die Reparaturen zu bewältigen, steigen. Ungehindert können die Deutschen ihre schwere Last schleppen. Bei Lora, vor dem Haus von Endre Jørstad, schießen Infanteristen von Møre mit ihren Krag-Gewehren, Kaliber 6,5 Millimeter, auf die Flugzeuge. Die Flieger verschwenden keine Zeit damit, denen zu antworten, die da unten Krieg spielen. Wir fühlen uns sicher,wir, die wir näher zum Fluß hin ausgewichen sind, drinnen in dem schweren gemauerten Keller bei der Tante kann uns wohl keiner erreichen. Mutter und Vater wollten, daß wir die Tür zumachen sollten, bis es vorbei war.

Unser Haus lag unsicher, meinte Vater. Aber im Stall da oben steht ein falbes Pferd, sieben Kühe, Kälber, Schafe und Hühner. Sie müssen auch an diesem Tag versorgt werden.

Auf dem Bauernhof unten gegen den Fluß zu steht ein Schuljunge und sieht Mutter und Vater nach Hause gehen, um die Morgenfütterung zu machen. Er ruft ihnen nach, wenn möglich, möchte er gerne besseres Schuhwerk haben, der Kriegsfrühling ist schneebeladen und naß. Die zwei kommen unten an bevor die Flugzeuge da sind. Wir kennen nach und nach den Fahrplan. So muß man sich eben beeilen, bevor sie kommen.

Und so gehen die zwei zu ihrem Haus, Leute im besten Alter, 50 und 45 Jahre. Sie erreichen die Hauptstraße und sind bald daheim. Es ist nicht Stallzeit, aber ist das etwas, worauf es jetzt ankommt? Die zwei fangen an, jeder für sich. Krieg oder nicht, die Tiere müssen versorgt werden. Alles ist bis heute gut gegangen, noch eine kleine halbe Stunde, ja, dann können sie den Türhaken wieder zumachen. Es ist ruhig und man kann gut ein wenig herumtrödeln mit der Arbeit, die Wände schließen den Krieg aus. Oder ist da trotzdem etwas, das durch das Fenster und die Wände hereinkommt und den Frieden stört? Er hat sich ein bißchen hingesetzt, um auszuruhen, und geht nun zum Fenster und horcht. Da sind sie schon. Summendes Motorengeräusch steigt und fällt. Nun müssen sie sich beeilen. Hier kann man nicht mehr bleiben.

Draußen hört man Bombeneinschläge und Detonationen. Er geht zum Fenster, dreht sich um und sagt: ›Das geht nicht gut.‹ Und nach einer kleinen Weile: ›Jetzt muß wohl ein anderer uns helfen.‹ Dann geht er in den Stallgang hinaus. Sie bleibt zurück, will noch etwas Heu holen. Da kommt der Knall und das Feuer. Der Knall hat wehgetan, sie fühlt sich schwindelig und durcheinander. Um sie herum brennt es. Sie muß hinaus. Da draußen im Stallgang sieht sie ihn. Die Bomben haben ihn zu Boden geschleudert. Sie braucht sich nicht hinunterzubeugen, um zu fragen, was ihm fehlt. Das starke Gesicht ist nicht mehr, die Bombensplitter haben es vernichtet. Der, der Steinwagen schob, Hacke und Spaten schwang, – und ein Teufelskerl unter den Arbeitern des Eisenbahnbaus von Flåm, Dovre und Rauma war, hat seinen Bezwinger gefunden. Ein Flieger hat seine Bomben genau auf diesen rotbemalten Stall geworfen. Was für eine Leistung!

Aber sie will ihn mit sich hinaus haben. So beugt sie sich hinunter, faßt eine zerrissene Jacke an und schleppt ihn dorthin, wo vorher die Ausgangstür war. Das Feuer leckt um sie und die schwere Last.

Wenn sie ihn nur aus dem Feuer hinausbekommt! Ein Fuß klemmt sich fest und sie kann ihn nicht bewegen. Die Kräfte langen nicht, um jetzt mehr zu schaffen. Sie wankt zur Seite und hinaus. Aber noch einmal muß sie zurück, sie erkennt undeutlich ein Pferd. Sie bekommt es ein Stück weit heraus, dann springt es zurück. – Ist denn hier gar keine Hilfe? Nein, alle haben jetzt in der Stunde, in der sie jede Hilfe braucht, genug mit sich selbst zu tun.

Nach und nach kommen sie, gute Nachbarn, Nachbarn, die erschrocken sind über das, was um sie herum geschieht. Da versteht sie, die zwischen ihnen steht, müde von der Anstrengung in der Hitze dort drinnen, daß sie jetzt zu denen gehen muß, die leben. So müht sie sich nach Süden hinunter. Sie hat schlimme Brandwunden an den Armen und im ganzen Gesicht, sie leidet Qualen.

Drüben im Kiefernwald auf dem Sandboden steht ein Bursche mit seiner Schwester, mit Tante und Kusinen. Er weiß nicht, daß es daheim brennt. Sie kamen aus dem gemauerten Keller, er und die anderen wollten hinaus und schauen. Sie sehen das Feuer. ›Das ist nicht daheim‹, sagt er. Aber es *ist* daheim. Das Zusammenwirken von Sprengbomben und Brandbomben hat seine tiefen Spuren hinterlassen.

Eine Mutter plagt sich mit den letzten Schritten zu zwei von den Ihren. Es wird nicht viel geredet. Alle, die da stehen, sehen auf die, die kommt. Daß sie allein kommt, sagt genug. Verbrannte Hände und Arme, das Gesicht sprechen ihre eigene Sprache. Sie kann sich auf den Schlitten setzen, und dann zieht ihn ein Pferd auf dem Weg zur Alm. Hinter uns brennen drei Höfe. Das gleiche Flugzeug, der gleiche Flieger hat gezeigt, daß er treffen kann, worauf er zielt.

Ein schwerer Tag ist bald zu Ende, andere schwere Tage werden kommen.

Onkel Magnus.«

Drinnen im Schatten des Kiefernwaldes hatte der Schnee sich gehalten, trug den Schlitten. Karl von Holsetstuen hatte ihn besorgt, Blakka war vorgespannt. Jetzt ging es mit langsamen Schritten die langen Heiden entlang, weg vom Brandrauch.

Es waren viele Menschen auf dem Schlitten. Karl und Klaras Kinder; der kleinste, Magnar, nur acht Jahre alt. Dann Signe, mit Brandblasen an den Armen über die Ihren, Magnus und Ester, gebeugt.

Sie waren an diesem Tag nicht allein im Lortal: die Leute trauten sich nach der Bombardierung nicht auf ihre Höfe, alle suchten nach den Almen oder anderen sicheren Orten. Zwölf Kilometer Kiefernwald längs der Lora, die ruhig unter dem Spätwintereis fließt, nur hier und dort strömt schwarzglänzendes Wasser in eisfreien Löchern.

Geruch von Harz, von Kiefernnadeln. Pferdemist in der Schlittenspur. Rieselnde Frühlingsbächlein, die an den Berghängen auf beiden Seiten herunterfließen. Die Sonne, die so sinnlos unter dem strahlend blauen Himmel lächelt. Waren sie jetzt in Sicherheit?

Das Tal wird von Flugzeuggeräusch erfüllt, niedrig über das Kieferngehölz streicht eine zweimotorige Maschine. Jetzt ist sie direkt über den Köpfen der kleinen Gruppe.

Magnus hatte nicht gewußt, daß ein Flugzeug so langsam fliegen kann.

»Sitzt nur ruhig auf dem Schlitten, dann wird schon nichts passieren«, sagt Karl. Die Stimme ist ruhig, sie zittert nur ein bißchen.

Onkel Karl hatte wohl Recht. Denn das Flugzeug steigt und verschwindet.

Dreißig Kilometer weiter ostwärts bieten drei Männer den Norwegern, die sie gerade oben in den Vorbergen des Hochgebirges gefangengenommen haben, Zigaretten an. Bedauern, daß sie auf diese Weise ins Land gekommen sind . . .

In der Abenddämmerung kommt der Schlitten nach Rusten. Es wird eng in der niedrigen Almhütte. Die Erwachsenen müssen auf dem Fußboden liegen.

Magnus erkennt die Mutter undeutlich im Halbdunkel da draußen auf dem Fußboden. Nicht ein einziges Mal hört er eine Klage von ihr. Und dabei sehen ihre Arme so schrecklich aus!

Und in einer rauchenden Brandstätte unten im Dorf liegt ein Toter, der einmal sein Vater gewesen war.

Nach Åndalsnes

Die Patrouille und die drei gefangenen Flieger kommen sehr spät am Abend hinunter nach Dombås. Dort ist alles in voller Verwirrung – und in vollem Aufbruch. Schon am Vormittag haben die Flakabteilungen den Befehl bekommen, zu verlegen, im Laufe der Nachtstunden sollte die Kolonne sich nach Åndalsnes im Bewegung setzen.

Britische Streitkräfte sind in voller Evakuierung, norwegische Infanterie zieht sich nach Lora und Bjorli zurück.

Die drei deutschen Gefangenen fühlen sich etwas besser, sie haben Essen von den Norwegern bekommen und eine matte, resignierte Ruhe ist über sie gekommen.

Es muß um Mitternacht sein, da bekommen sie Anweisung, auf einem Lastwagen aufzusitzen, zusammen mit norwegischen Soldaten. Sie bemerken, daß diese die gleichen Helme wie die Briten haben. So waren es also Norweger gewesen, die sie vom Gebirge aus gesehen hatten.

Es geht los in Richtung Westen. Die Straße ist in einer unbeschreiblichen Verfassung. Schlamm, tauende Frostaufbrüche, tiefe Reifenspuren.

Es wäre nicht schwer, aus dem Fahrzeug zu springen, sich im Gelände zu verstecken. Denn die Dunkelheit ist so dicht wie eine Wand. Wenn sie davonliefen, könnten sie in wenigen Stunden bei ihren eigenen Leuten sein. Trotzdem schieben sie den Gedanken von sich. Sie sind zu erschöpft. Und was ist mit dem Bein von Karl? Sie würden nicht weit kommen. Sie passieren Lora. Den Lesjaskogs-See, den sie vier Tage vorher von ihrer Kanzel in der 5J+CN beherrscht hatten. Halb im Traum fühlen sie, wie die senkrechten Wände des Romstals sich um sie zusammenschieben. Unzählige Male halten sie unterwegs. Es sind hunderte und tausende von anderen auf dem gleichen Weg unterwegs. Norwegische und englische Truppen in vollem Rückzug.

Es dämmert schon, als die Kolonne Åndalsnes erreicht. Als sie durch das ausgebrannte bebaute Gebiet fahren, hören sie bekannte Geräusche: Das Singen von Heinkel und Junkers: In Welle auf Welle kommen die Bomben, die Kolonnen werden auch unter direktes Feuer von den Maschinengewehren da oben genommen. Der

Wald an den steilen Berghängen über der Stadt steht in Brand, das tote Gras fängt leicht Feuer. Åndalsnes ist in eine Rauchdecke gehüllt.

Die Abteilung auf dem Rückzug wird nach Eidsbygda auf der anderen Seite der Stadt verlegt.

Sie steigen von den Wagen herunter, eine erschöpfte Gruppe.

Dann geschieht etwas, was sich für immer in das Gedächtnis der drei Flieger einbrennt. Aus einem Haus mit einem Bombentreffer kommt eine alte Frau heraus. Sie schaut die Neuankömmlinge an, bemerkt, daß die drei Deutschen in einer elenden Verfassung sind. Sie geht wieder ins Haus hinein und kommt mit einem schweren Krug Milch zurück. Sie sagt etwas auf norwegisch, bietet ihnen zu trinken an.

Die Norweger organisieren einen Autotransport für Karl, er muß zum Arzt mit dem Bein, es sieht schlecht aus. Günther erinnert sich an Willys Erkennungsmarke, gibt sie einem norwegischen Soldaten, der verspricht, sie weiterzugeben.

Seitdem ist die Marke für immer verschwunden.

Im Lazarett erblickt Karl andere deutsche Soldaten durch eine halbgeöffnete Tür. Er will ihnen etwas sagen, aber wird brüsk zurückgehalten. Er wird ordentlich verbunden, der Arzt schüttelt den Kopf.

Keiner weiß, was geschehen wird. Åndalsnes schwirrt von Gerüchten an diesem Tag. Die Verwirrung scheint total.

Die Drei werden am Abend zum Park Hotel, drei Kilometer südlich von Åndalsnes, gefahren. Das Hotel ist von alliierten Stäben requiriert worden, und die Deutschen werden in britische Verwahrung übergeben. Keiner denkt daran, daß dies kaum in Übereinstimmung mit dem Völkerrecht ist. Dazu ist das Durcheinander in diesen Stunden zu groß.

Hinter dem Hotel liegt ein Stall, hier werden Günther, Karl und Richard hineingeführt. Dort sitzen schon fünf Deutsche. Ein Fallschirmjäger, Günther traut seinen Augen kaum – es ist ein alter Schulkamerad aus Weimar! Die vier anderen sind eine Heinkel-Besatzung eines anderen Geschwaders. Der Navigator und Bombenschütze ist ein Kamerad von der Beobachterausbildung. Also: von fünf Gefangenen, mit denen sie zusammengeschoben werden, einige tausend Kilometer von zu Hause, kennt er zwei! Die andere Heinkel-Besatzung ist einige Tage vorher irgendwo oben im Gudbrandstal abgeschossen worden, bekommen sie zu hören. Bjorli hieß das dort, und keiner glaubte, sie würden überleben.

Das Flugzeug war angeschossen, stürzte in die felsige Schlucht eines Flußes und zerbarst, mit dem Bug in die Luft ragend. Sie selbst waren fast unverletzt davongekommen, aber sie wurden gefangengenommen.

Die acht im Stall versuchen sich darüber zu orientieren, was geschieht, aber keiner kann ihnen etwas erzählen.

Sie wissen nicht, daß am selben Abend, an dem sie in den Stall gewiesen werden, General Pellengahrs Gudbrandstal-Verbände Dombås besetzen und daß Generaloberst Jodl dem »Führer« um 18 Uhr 30 mitteilen kann, daß die Verbindung zwischen Oslo und Trondheim hergestellt ist, daß aller norwegischer Widerstand in Süd-Norwegen zusammenbricht.

Sie fühlen nur, daß der Verkehr und der Hochbetrieb auf eine fortgesetzte Flut von Soldaten auf dem Rückzug hindeutet. Sie wissen nicht, daß gegen Mitternacht ein britischer Truppenzug direkt in einen Bombenkrater westlich vom Bahnhof von Lesjaverk fährt, ein Munitionswagen Feuer fängt, 13 Menschen getötet werden. Zu Tode erschrockene britische Soldaten, die geflüchtet sind, irren in den Bergen auf beiden Seiten umher, ohne Essen, ohne ordentliche Kleidung, nur davon besessen, von dem Ganzen weg zu kommen.

Andere englische Soldaten sind von ihren Abteilungen ganz unten bei Vinstra und Kvam getrennt worden. Auch sie wühlen sich durch morschen Frühjahrsschnee im Gebirge, um Gebiet zu erreichen, das noch nicht von der Wehrmacht besetzt ist.

Bei Ola Brøste, auf dem obersten Hof im Romstal, taumeln zu Tode erschöpfte Briten ins Haus. Bekommen Essen, neue Kleidung – und Skier, sodaß sie ihren Weg nach Westen fortsetzen können.

Andere haben den Marsch über das Gebirge nicht geschafft und schlafen ermattet, für immer.

In den selben Bergen liegt ein Flugzeug mit einem, der keine Angst mehr hat.

Spät am Abend des 1. Mai bekommen die deutschen Gefangenen im Stall den Befehl, sich fertig zu machen. Sie sollen zusammen mit den britischen Truppen ausgeschifft werden. An der Reede liegen englische Kriegsschiffe bereit, um sie an Bord zu nehmen.

Der untere Teil des Romstals liegt fast wie ausgestorben. Die deutschen Truppen haben Verma erreicht und sind an norwegischen Streitkräften vorbeigestoßen, die sich ergeben und ihre Waffen abgeliefert haben. Weiter unten im Tal ist ein militärisches Vakuum.

In diesem Leerraum strampelt ein einzelner Radfahrer die aufgeweichten und in Stücke gefahrenen Schlammstraßen entlang. Das ist der ehemalige Flakartillerist Per Hansen.

Im Wirrwar in Dombås am 29., als sie mit den drei deutschen Fliegern heruntergekommen waren, wurden sie mit der Meldung von Aufbruch und Rückzug empfangen.

Alles war nur Chaos, und zusammen mit einer Handvoll anderer Soldaten beurlaubte Per Hansen sich selbst. Es konnte wohl keine Rolle mehr spielen, der Krieg war sowieso zu Ende.

Er hatte es nicht geschafft, mit den anderen mitzuhalten, und jetzt galt es nur, selbst davonzukommen – die Deutschen waren direkt unten in Dovrebygda.

Er begibt sich auf die Landstraße hinüber nach Kjøremgrenda. Dort stiehlt er ein Fahrrad – und kann die ersten Deutschen in Dombås einrücken sehen. Er hat nur einen Gedanken im Kopf – heim nach Kristiansund zu fahren, die Zivilkleidung hervorzuholen und sich wieder bei der Arbeit zu melden.

Gegen Mitternacht passiert er Lesjaverk. Da steht ein Zug in Flammen. In den Wagen explodiert Munition. Im Schein des Feuers sieht er Soldaten mit Krankenbahren laufen.

Als er das Romsdalshorn umfährt, stehen die Berge rings um Åndalsnes in einem flackernden roten Lichtschimmer. Weiter vorne kann er sehen, daß es Veblungsnes ist, das brennt.

Jetzt brennt die ganze Landzunge, die Flammen beleuchten die Landschaft rundum. Das ist ein unwirklicher und schrecklicher Anblick. Wie graue Schatten sieht er kleinere Fahrzeuge hinaus zu den verdunkelten Kriegsschiffen eilen. Das sind die letzten Truppen, die an Bord geholt werden.

Die Verladung ist seit etwa 23 Uhr im Gange. Gegen Morgen sind die Gefangenen dran. Sie werden zu einem wartenden Kreuzer hinausgefahren. Günther, Karl und Richard sind kaum überrascht, als sie so nahe gekommen sind, daß sie den Namen sehen können. HMS ›Manchester‹. Die vor einigen Tagen einen Flak-Treffer in den Ölkühler einer Heinkel geschafft hat. . .

An Bord wimmelt es von Soldaten. Kaum eine Stufe auf einem Fallreep ist frei, es ist Gedränge überall.

Die deutschen Gefangenen laufen jetzt Spießruten zwischen Reihen von schweigsamen Briten. Sie beißen die Zähne zusammen, die Engländer sehen auf sie mit steinernen Gesichtern.

Plötzlich ist da ein Soldat, der mit der Faust hinauslangt und Ri-

94

chard eine Ohrfeige gibt. Der Sergeant, der die Gefangenen beglei-
tet, dreht sich plötzlich um und zieht die Pistole.

»Verdammte Feiglinge! Hier lauft Ihr von Eurem Job in Norwegen weg wie verängstigte Hunde, und dann schlagt Ihr nach einem
unbewaffneten Gefangenen. Noch einmal, und ich blase Dich hinaus auf die See!«

Er steckt die Pistole zurück.

Günther und die anderen werden unter Deck geführt. Zum
Schiffsarrest ganz vorne, am tiefsten unten im Schiff. Da sind zwei
enge Zellen nebeneinander. Gerade noch mit einer schwachen
Birne beleuchtet. Bei Morgengrauen lichtet die ›Manchester‹ den
Anker. Sie dampfen den Romsdalsfjord hinaus im Licht eines Mon-
des, der immer wieder hinter zerklüfteten Wolken auftaucht. Achteraus leuchtet das Feuer von Veblungsnes.

Die Zustände im Arrest sind unbeschreiblich. Das Leckwasser
wäscht hin und her. Sobald sie die offene See erreichen, kommt der
Gestank von Erbrochenem. Der Geruch von Urin hängt herb zwischen dem feuchten Vordersteven. Auf der Nordsee werden sie von
Bombenflugzeugen angegriffen. Günther, Richard und Karl wissen,
daß ein Treffer das Ende für sie bedeuten würde. Keiner würde sich
darum kümmern, in dieses Rattenloch herunterzukommen, um die
Tür aufzumachen.

Die Angst sitzt in ihnen, wie das keiner von ihnen vorher gekannt
hat. Günther hofft zum ersten Mal, daß die deutsche Luftwaffe weniger tüchtige Kollegen auf den Flug geschickt hat.

Am 3. Mai gleitet der Kreuzer nach Scapa Flow hinein. Der Krieg
ist für Hölscher & Co. vorbei.

Zur selben Zeit trottet ein Pferd auf der Straße von Lora ostwärts.
Das zieht einen Wagen mit einer Kiste darauf.

Viele folgen Anton Jøndal auf der letzten Reise zur Kirche von
Lesja. Die Straße ist kaum befahrbar. Dem Leichenzug entgegen
kommen ständig deutsche Abteilungen, Infanterie, Motorräder,
Geschütze.

Der Wagen mit der Kiste wird immer von der Wehrmacht, die es
eilig hat, in den Straßengraben gedrängt. Los! Los!

Der kleine Magnus denkt, daß der Tag so schmerzvoll ist, daß er
keine Tränen mehr übrig hat. Es führt meist zu einem seltsamen Er-
brechen, das sowieso keiner hört.

Staffelkapitän Leythäuser
schreibt vier Briefe

So ein Mist!

Staffelkapitän Leythäuser legt das Gesicht in grimmige Falten, als die zwei anderen Besatzungen zurückkommen und erzählen, daß die Maschine von Oberfeldwebel Hölscher abgeschossen worden ist.

Es ist das zweite Mal in etwas mehr als einem halben Jahr, daß er diese Meldung bekommt. Er zögert nicht lange, einen Entschluß zu fassen: Er will selbst nach Norden und nachschauen. Der Gedanke läßt ihn nicht los, daß Günther Hölscher und seine drei Kameraden mit dem Leben davongekommen sein könnten und jetzt in Schwierigkeiten sind. Er erinnert sich, als ob es gestern gewesen wäre, wie er die Jungs empfangen hatte, als sie aus Polen kamen, die Aufstellung vor der angetretenen Staffel, er war selbst stolz darauf gewesen, diese Burschen in seiner Staffel zu haben. Und jetzt wurden sie vermißt nach einem Routineflug, der ganz leicht hätte sein sollen.

Früh am Nachmittag startet eine Maschine der 5. KG 4 von Fornebu. Leythäuser sitzt selbst vorne in der Kanzel. Fünf rasche Viertelstunden später überqueren sie das Ottatal bei Lom in großer Höhe. Es dauert nicht lange, bevor die Männer in der Kanzel sehen, was sie suchen. Die zwei anderen Maschinen in der gleichen Formation wie 5J+CN haben die richtigen Koordinaten angegeben, die dunkle Heinkel zeichnet sich mit aller wünschenswerten Deutlichkeit gegen die grelle weiße Weite unter ihnen ab. Leythäuser gibt den Befehl, niedrig zu fliegen und er ist glücklich darüber, was er jetzt sieht: Fußspuren um das Wrack herum, die hinunter zu einem Tal führen. Gut! Also sind Oberfeldwebel Hölscher und seine Besatzung am Leben!

Die folgenden Tage sind voller Beschäftigung. Erst nachdem die Norweger zur Vernunft gekommen sind und vor ihren Befreiern kapituliert haben, kann Leythäusers Staffel Kurs nach Deutschland nehmen und erneut von Faßberg aus operieren.

Am ersten freien Freitag setzt er sich hin und schreibt Briefe:

Hptm. Leythäuser   Sonntag, den 5. 5. 40
L 06885
Hamburg 1

Sehr verehrte Frau Gumbrecht!
Erschrecken Sie bitte nicht, wenn Sie meinen Brief in den Händen
halten. Ich möchte Ihnen nur mitteilen, warum Sie über längere
Zeit nichts Neues von Ihrem Sohn gehört haben. Ich gehe davon
aus, daß Sie nicht wußten, daß wir seit dem 24. April nach Norwegen, Oslo, verlegt waren. Die Verlegung geschah so plötzlich, daß
Ihr Sohn offenkundig nicht mehr Gelegenheit bekam, Ihnen Bescheid zu geben, daß die Postzustellung verspätet sein würde. Aus
diesem Grund konnten Sie wohl für eine Weile nichts von ihm
hören.
   Von Oslo aus wurden wir täglich gegen die Norweger und die
gelandeten Engländer eingesetzt. Am 26. April flog Ihr Sohn zusammen mit zwei anderen Maschinen erneut einen Angriff. Bei
Åndalsnes wurden die drei Flugzeuge von drei englischen Jägern
angegriffen. Aus erklärlichen Gründen wurde Ihr Sohn von den
anderen zwei Maschinen getrennt, die sich sofort zum gemeinsamen Schutz zusammenschlossen. Deshalb wurde sein Flugzeug
von dem starken Beschuß so sehr beschädigt, daß er die Maschine auf einem Schneehang notlanden mußte. Er führte eine
schöne Notlandung auf dem Gipfel einer Höhe südlich von Lesjaskog, ungefähr in der Mitte zwischen Åndalsnes und Dombås,
durch. Dies haben die beiden anderen Flugzeuge zweifelsfrei
festgestellt. Ich selbst flog am Nachmittag zu dem Ort und
konnte mich überzeugen, daß die Besatzung sich retten konnte,
als ich sah, daß ihre Fußspuren im Schnee vom Flugzeug weg
und in ein Tal hinunter führten. Sie sind also am Leben und haben sich wahrscheinlich zu unseren eigenen Linien durchge-
schlagen.
   Wir hoffen alle mit Ihnen, daß den tapferen vier Männern kein
Unglück auf ihrer abenteuerlichen Flucht zugestoßen ist, und wir
warten täglich auf Nachricht. Sobald ich etwas erfahre, werde ich Ihnen Bescheid geben. Gott gebe, daß alle vier bald wieder gesund
und munter unter uns sind.
   Sollten Sie irgendwelche Auskünfte wünschen oder Hilfe brauchen, so stehe ich Ihnen gern zu Diensten. Ich hoffe mit Ihnen, daß
es Ihrem Sohn gut geht.

97

Mit besten Grüßen,
Heil Hitler
Kurt Leythäuser
Hptm.

Er klebt den Umschlag zu und schreibt ebenso an Hölschers Mutter und an Frau Gertrud Stolz, Karls Frau.

Den gleichen Brief schreibt er auch an Augusta Stock in Erfurt. Leythäuser denkt besonders an sie. Er weiß, daß sie ein Kind erwartet. Ein Brief würde sie wahrscheinlich beruhigen, die von ihrem Mann seit langer Zeit nichts gehört hat. Es ist wichtig, daß Frauen nicht ängstlich werden, wenn sie in anderen Umständen sind, denkt Hauptmann Leythäuser.

Aber ist er ein Optimist, wenn es darauf ankommt? Er war es gewesen, als er die Spuren im Schnee bei dem notgelandeten Flugzeug sah. Aber so lange Zeit danach hätte doch die Meldung gekommen sein müssen, daß seine Jungs gut ans Ziel gekommen waren. Jetzt, da die Kapitulation unterschrieben war und die Verhältnisse in Norwegen sich normalisiert hatten. Er kann die Unruhe nicht loswergen, als er diesen Sonntagabend hinausgeht und die Briefe abschickt. Er wirft drei Umschläge in den Briefkasten, ist auch daran, den Brief an Augusta Stock einzuwerfen.

Da überlegt er es sich anders, zerreißt den Brief.

Wir bedauern, Ihnen mitteilen
zu müssen . . .

Am 8. Juli 1940 empfängt Frau Gustl Stock, 22 Jahre alt, Wohnsitz Am Kreuzchen 10, Erfurt, ein ausgefülltes Standardformular von fünf Zeilen.

Man bedauert, mitteilen zu müssen, daß Unteroffizier Willy Stock, geboren am 18. Mai 1913, seit dem 26. April in Norwegen als vermißt gilt.

Fünf Tage später kommt Frau Stock mit einer Tochter nieder. Das Kind wird mit einem Kaiserschnitt entbunden. Die Tochter wird auf den Namen Anneliese getauft.

Teil II – Puzzlespiel

Ein Paar schöne Stiefel

Der Mann, der an diesem Frühsommertag ins Gebirge gegangen ist, ist am Ziel: Auf dem Steinhaufen vorne grinst ihm das Wrack des deutschen Bombenflugzeuges entgegen. Die Farbe auf dem Rumpf blättert in großen Flocken ab, das ist ein schäbiger Todesvogel, der jetzt da liegt. Noch sind nicht viele hier oben gewesen und haben das Flugzeugwrack gesehen, es werden wohl höchstens 10 oder 12 Leute gewesen sein. Innen ist fast alles intakt. Der Tote hat allein mit seinem Geheimnis sein dürfen.

Der Mann ist vom Dorf heraufgegangen, um nach etwas zu schauen, was er brauchen kann. Die Deutschen haben kapituliert und sind nicht mehr gefährlich, jetzt ist das Flugzeug freie Beute.

Er findet eine Öffnung, in die er hineinkriechen kann: Er läßt sich in den B-Stand hinunter und braucht nur einige Augenblicke, um das zu finden, nach dem er sucht. Er hat gehört, daß hier einer liegengeblieben sein soll und daß er in voller Fliegerausrüstung da liegt.

Er möchte am liebsten nicht zu viele Zeugen haben, er ist ein angesehener Mann im Dorf und außerdem ein gläubiger Christ.

Aber das, was jetzt geschieht, kann wohl nichts ausmachen, war nicht Hitler selbst das Tier aus der Offenbarung gewesen?

Er beugt sich über die Leiche hinunter, faßt den einen Stiefel an und dreht ihn vorsichtig ab. Der Stiefel ist aus feinstem Leder, das ist ein Prachtstück, das keinen Schaden davon genommen hat, daß es seit fünf Jahren nicht benutzt war.

Das wird etwas zu gebrauchen sein, es ist lange her, daß man solches Schuhwerk im Geschäft bekommen konnte!

Er stellt den Stiefel zur Seite auf den Boden da drinnen im Halbdunkel, faßt den anderen Fuß an und will diesen Stiefel da auch haben. Doch er sitzt fest. Halb verärgert reißt er daran. Da löst sich das ganze Bein der Leiche und folgt aus der Fliegerkombination.

Der Mann muß das wohl nicht so sehr gemocht haben, denn er läßt seine Absicht fallen. Nun muß er die Tour zurück zum Dorf ohne neue Stiefel machen. Aber es ist ärgerlich, für nichts und wieder nichts bis auf eine Höhe von 1600 Metern hochgeklettert zu sein, denkt er.

In Erfurt hüpft ein kleines Mädchen von fünf Jahren in der Villenstraße herum, wo sie wohnt, und erzählt allen, daß jetzt, wo der Krieg vorbei ist, Papa bald nach Hause kommen wird. Denn viele Papas sind schon gekommen, und selbst wenn die Mama oft weint, so hat sie doch gesagt, daß der Papa heimkommt, wenn sie nur lange genug warten.

Im Schlafzimmer hängt immer ein Bild von einem Mann, der die gleiche Uniform anhat wie die anderen Papas, die beim Fliegerhorst Erfurt wohnten. Er sieht ein bißchen lieb, aber auch ein bißchen traurig aus auf dem Bild, und Anneliese fragt sich, wie es sein würde, wenn er nicht mehr nur auf einem Bild ist, sondern nach Hause kommt, sodaß die Mama wieder glücklich wird.

Es war nicht so schwer zu verstehen, warum die Leute des Dorfes in den Jahren nicht so oft da oben unter der Brattmannhø waren. Denn was würden die Deutschen gesagt haben, wenn sie jemanden auf frischer Tat ertappten, wie er etwas nach Hause trug? Aber das neue Jahr 1945 kam nicht nur mit einer wachsenden Gewißheit darüber, daß der Krieg bald vorbei sein würde, es war ein ausgezeichneter tragfähiger Firnschnee, und die Leute wurden auch mutiger. Später im Nachweihnachtswinter sind zwei Männer oben und holen sich ein Schlauchboot, das unter dem Dach im Funkraum hängt. Das kann schön für den Sommer sein, wenn man menschenleeres Fischgewässer ausprobiert. Eine Flasche Kognak liegt im Gummiboot, die beiden stoßen darauf an, daß sie in diesem Sommer glückliche Fischer sein werden, wo noch nie vorher ein Netz gewesen ist!

Alles, was lose ist, und alle Instrumente, die nicht zu schwer loszuschrauben sind, verschwinden in einem Sack nach dem anderen, als der Frühling und der Frühsommer eine wahre Völkerwanderung ins Gebirge bringen: Jetzt braucht man sich nur noch zu bedienen.

Die Propellerblätter werden mit einer Metallsäge abgeschnitten – jede wiegt annähernd 18 Kilo, aber sie sind aus Aluminium und wertvolle Tauschware: Eine Fabrik in Hamar nimmt das Metall und liefert Töpfe dagegen.

Und ob man die Teile jetzt braucht oder nicht, es ist fast unglaub-
lich, was die Leute der Mühe wert finden, mit sich zu schleppen. Die
Hälfte des Fahrgestells, so schwer, daß sie nur von zwei Männern
gehoben werden kann, wird ins Dorf geschleift.

Nachdem die Andenken und möglichen Gebrauchsgegenstände
sich vermindert haben, läßt der Betrieb nach, das Jahr danach liegt
die Heinkel 5J+CN erneut verlassen in den Nebelschwaden um die
Brattmannhø.

Eine hoffnungslose Aufgabe?

Øystein hatte nur seine Eltern und einigen wenigen Freunden gegenüber erwähnt, was er oben im Gebirge gefunden hatte.

Der Junge war sich sicher, daß, wenn die Deutschen erfuhren, wo das Bombenflugzeug lag, sie kommen und es abholen und gegen England benutzen würden.

Denn allmählich wurde es den Leuten klar, daß die Deutschen nicht wußten, daß eins ihrer Flugzeuge oben bei Digervarden lag. Auf jeden Fall schien es vergessen zu sein. Es wurde nie mehr danach gefragt.

Und in Lesja, Lora und Lesjaskog machten es die Leute wie Øystein: die, die etwas wußten, hielten den Mund.

Aber es war kaum eine Woche nach dem Kriegsende am 8. Mai, daß Øystein seinen Vater bat, die Landpolizei zu verständigen. Er konnte den Toten nicht aus seinen Gedanken verbannen und meinte, der Unbekannte sollte in gesegneter Erde ruhen dürfen. So feindlich er auch gewesen sein mochte.

Vielleicht war da jemand unten in Deutschland, der herumging und auf Nachricht wartete, dachte er.

Der Polizist in Dombås antwortete dem Vater, daß er wohl vom Flugzeug bei der Brattmanhø gehört hatte, aber er wußte keine näheren Einzelheiten, und erst recht nichts von dem, der da oben lag.

Zur gleichen Zeit, als er in Dombås war, wandte sich der Vater auch an das Büro der Untergrundkämpfer und fragte, ob er den Toten herunternehmen und ihn ordentlich begraben lassen könne.

»Es eilt nicht. Er liegt gut da, wo er liegt,« antwortete ein Mann mit Armbinde. »Er wird wohl auch nicht abhauen, der Kerl«, setzte er hinzu, und die anderen Leute der Widerstandsbewegung lachten.

Herumlaufen und sich mit einem toten Deutschen abmühen, jetzt, wo man endlich das Pack los war?

Øystein hatte das Jahr davor die Hauptschule in Lora beendet. Jetzt ging er im Sommer als Knecht und betrieb im Winter Vogelstellerei im Gebirge.

Die Antwort, die sein Vater drüben in Dombås bekommen hatte, hatte ihn wütend gemacht. Glaubten die Kerle vielleicht, daß es etwas an seiner nationalen Gesinnung auszusetzen gab, weil sie so geantwortet hatten? Aber es war doch wirklich nicht recht, den Armen da liegen zu lassen.

Eines Tages werde ich diese Sache selbst regeln, versprach er sich. Aber hatte er eigentlich etwas, wonach er sich richten konnte?

Das letzte Mal, wie sie da oben gewesen waren, hatten sie einen Fliegerhelm gefunden und sie hatten bemerkt, daß im Helm drinnen, der aus Stoff und Leder war, etwas mit Kopierstift geschrieben war. Die Nässe hatte die Farbe aus dem Stoff ausgewaschen, aber Øystein hatte »H-o-l-c-h-e-r« oder etwas ähnliches herausbuchstabiert. Vielleicht war dies eine Spur? Jetzt bekam er mittlerweile etwas anderes, an das er denken mußte. Er mußte doch irgendetwas anfangen, er konnte doch nicht sein Leben lang die Vogelstellerei betreiben.

An Interesse für Technik war nichts auszusetzen, das war auch kräftig angeregt worden von all den eigenartigen Funden, die die Buben in den Kriegsjahren rund um das Dorf gemacht hatten. Er bewarb sich auf der technischen Schule der Luftwaffe und wurde angenommen.

Øystein war gerade erst in der Uniform auf der Rekrutenschule in Gardermoen warm geworden, als er eines Tages zu einem Hauptmann Wallin gerufen wurde. Er fragte sich, was der Hauptmann wohl von ihm wollte, er hatte nichts falsch gemacht, wovon er wußte, aber Wallin begann ihn gleich nach dem Wrack bei Digervarden auszufragen. Jetzt erinnerte Øystein sich, daß sie beim Einrücken auf einige Fragen unter anderem über »Verhältnisse während der Besetzung« hatten antworten müssen, und da hatte er in knappen Worten das Begräbnis oben im Gebirge erwähnt. Der Hauptmann war neugierig und fragte nach und notierte alles, was Rekrut Mølmen erzählte. Was der Hauptmann mit allen diesen Auskünften wollte, traute sich Øystein nicht zu fragen, es wäre nicht passend gewesen für einen Rekruten, sich in so etwas einzumischen.

1948 ist er mit der technischen Schule in Kjevik fertig, ist Korporal geworden. Im weiteren Dienst hat er ständig mit hinterlassenem deutschen Flugzeugmaterial zu tun und bekommt gründliche Kenntnisse auf diesem Gebiet. Immer öfter geistert das geheimnisvolle Flugzeug durch seine Gedanken.

Er denkt an den Fliegerhelm, den sie gefunden hatten, und wendet sich jetzt an die Behörden mit der Frage, ob es in Norwegen irgendeinen deutschen Soldaten gegeben hatte, der »Holcher« hieß.

Das Justizministerium antwortet, ja, man hatte jedenfalls mehrere mit Namen Hölscher gehabt, das wäre doch ähnlich. Sollte das

Rätsel damit aufgeklärt sein? Aber nein, keiner von den Namen, die das Ministerium liefert, paßt zu Øystein Geschichte. So war der Name im Helm vielleicht doch nur ein falsche Spur.

An einem Tag, an dem er auf Urlaub zu Hause ist, zieht er aufs neue nach Digervarden. Die negative Antwort hat ihm nur neue Lust gemacht, weiter nachzuforschen.

Bei der norwegischen Luftwaffe hat er mehr als einmal mit dem Aufräumen nach Flugzeugabstürzen geholfen, und es macht ihm nichts mehr aus, tote Flieger zu sehen. Jetzt zieht er los ins Gebirge, findet das Grab in der Geröllhalde und hebt die Steinplatten zur Seite. Das, wozu er damals, als sie den Toten begruben, nicht imstande gewesen war, tut er jetzt: Er geht durch alle Taschen in der Kombination und der Uniform an der Leiche, um mögliche Spuren zu finden.

Er läßt sich viel Zeit und geht sorgfältig vor. Er findet eine Postquittung: einen Abschnitt, gestempelt »Faßberg 23. 4. 40, 18 Uhr«. Ein blauer Umschlag für etwas, was eine Zulassung gewesen sein könnte, darauf ist »BMW Baumuster 326« aufgedruckt. Ein Feuerzeug. Eine kleine Holzpfeife. Ein Vorhängeschloß. Ein Taschenkamm. Ein Zettel, auf dem mit Bleistift geschrieben steht: »Eina, Gjøvik, Lillehammer, Vinstra, Otta.« In einer Brusttasche findet er ein zusammengefaltetes Papier. Das muß ein Brief gewesen sein, aber es ist von Alter und Feuchtigkeit so zusammengeklebt, daß er es nicht auseinanderfalten kann. Das letzte, was er findet, ist eine kleine Münze, 5 Reichspfennig. Die ist krummgeschlagen. Von einer Kugel?

Er sammelt die Kleinigkeiten zusammen und nimmt sie mit. Es war doch nicht viel gewesen, wovon man klüger werden konnte.

Eines Tages im Jahr 1950 kommt ein Anfrage zur Abteilung, ob man Korporal Mølmen für einige Tage entbehren könne. Ein Feldpfarrer soll eine Leiche vom Gebirge herunterholen, und Mølmen ist vom Gräber- und Fahndungsbüro der norwegischen Verteidigung als Ortskundiger angegeben worden.

So war *dort* also Wallins Bericht gelandet.

Aber der Korporal kann zu diesem Zeitpunkt nicht vom Dienst entbehrt werden, und Øystein schlägt Endre Jørstad in Lora als ortskundigen Ansässigen vor.

Endre folgt Feldpfarrer Finn Guttormsen den steilen Steig von der Alm Storsetra hinauf. Die Steigung ist schwierig, sechshundert Meter Klettern, bevor das Gelände sich etwas abflacht. Pastor Guttormsen hat einen schlechten Fuß, er hinkt stark, und die Hänge hinauf von der Alm im Lortal strengen an.

Mit den Zweien gehen auch der Assistent des Pfarrers, ein Mann vom Büro der Landpolizeibehörde und der Leiter der Reservisten-Schule in Dombås.

Der Auftrag ist eine reine Routinesache. Es gibt viel derartiges, was nach einem Krieg gemacht werden muß. Trotzdem führen nur wenige Touren, die Guttormsen in diesen Jahren macht, in ein so unwirtliches und kärgliches Gebiet. Die kleine Gruppe kommt in dem steinigen, unwegsamen Gelände voran. Die öde Kahlheit verstärkt noch die Trostlosigkeit des Ortes, den sie erreichen. Sie öffnen das Grab, tun, was getan werden muß.

Guttormsen notiert auch das Kennzeichen des Flugzeuges. Auf der einen Seite des Rumpfs liest er »33 CN«. Auf der anderen Seite steht »33 C25«. Er nimmt an, daß die Farbe, die deutlich in Flocken abblättert, Teile der Nummer mit sich genommen hat und daß sie deshalb von einer Seite zur anderen verschieden ist. Das Flugzeug kann doch nicht verschiedene Registrierungen gehabt haben, denkt der Pfarrer.

Die Tour hat Zeit gekostet, die Abenddämmerung ist schon hereingebrochen, als sie mit der Bahre zum Wagen hinunterkommen. Dann fahren sie zum Friedhof von Dovre.

Dort wird der Tote zur Ruhe gebettet, in einer Ecke, wo schon deutsche Fallschirmjäger begraben liegen, die vor zehn Jahren bei Dovre gelandet waren.

Das Grab bekommt eine einzige Aufschrift: Unbekannt.

Aber wer war der Tote? Hatte er eine Familie? Jemand, der auf eine Nachricht wartete? Und wo kam das Flugzeug her, es müssen doch mehrere an Bord gewesen sein, wo sind *sie* geblieben?

Øystein kommt nicht von diesen Fragen los, obwohl es gut ist, zu wissen, daß nun nicht mehr jemand da oben liegt. Ein neuer Besuch beim Wrack sagt ihm das gleiche, was der Feldpfarrer entdeckt hatte: Die Farbe blättert ab, neue Buchstaben und Zahlen treten hervor. 4 oder 5 Jahre später schreibt er einen Brief an das Büro für Kriegsgräberfürsorge und fragt an, ob man noch irgend etwas erfahren hat. Er erwähnt auch die rätselhafte Nummer.

Es vergeht einige Zeit, dann bekommt er Antwort:

Man kann von den sichtbaren Registrierungsbuchstaben des Flugzeuges feststellen, daß die Maschine nie in Norwegen stationiert gewesen war. Man ist der Ansicht, daß die Heinkel zu einer geheimen

Staffel gehörte, die im Nachrichtendienst tätig gewesen war und daß es deshalb sehr schwer sein würde, das Rätsel zu lösen. Man wird die Sache inzwischen an die alliierten Behörden in Deutschland weitergeben.

Nach vielen Monaten kommt von dort die Antwort:

Man ist in Übereinstimmung mit dem norwegischen Büro der Ansicht, daß das Flugzeug eine geheime Kennung gehabt hat und daß dieses Geheimnis in den Ruinen des Dritten Reiches begraben liegt.

Das Büro für Kriegsgräberfürsorge teilt Øystein die Antwort der Alliierten mit, und gibt Bescheid, daß man auf Grund dieser Auskunft die Nachforschungen als eingestellt betrachtet. Wenn Herr Mølmen trotzdem wünsche, seine Bestrebungen auf eigene Faust fortzusetzen, so werde ihm alles mögliche Glück und Erfolg bei dieser Arbeit gewünscht.

Er kann die guten Wünsche gebrauchen.

Øystein sieht jetzt nicht mehr viele Möglichkeiten. Aber er setzt sich hin und schreibt einen Brief in dieser Sache an den »Spiegel« und an eine große deutsche Tageszeitung, mit der Frage, ob man helfen kann.

Aber Deutschland hat zwei Millionen Soldaten in diesem Krieg verloren, Hunderttausende haben ein ungewisses Schicksal erlitten. Was ist *ein* Mann, ein Flugzeug in all dem?

Er bekommt nie Antwort von den deutschen Zeitungen.

1958 schreibt er an Pastor Guttormsen und fragt, ob der Pfarrer jetzt mehr um die Sache weiß. Ohne Ergebnis. Im Büro für Kriegsgräberfürsorge bekommt man vermutlich diesen hartnäckigen Mann aus Lesja allmählich satt, der ständig anruft und nach Neuigkeiten in einer Sache fragt, die man eingestellt hat!

Eines Tages wühlt er zufällig ein altes Album durch, aus der Zeit, als er noch ein Junge gewesen war, und findet ein Bild, das er im Sommer 1945 vom Wrack aufgenommen hatte. Die Kopie ist schlecht, aber er findet auch das Negativ.

Beides schickt er an einen Freund, der in Brüssel arbeitet. Denn dieser Freund hatte ihm einmal erzählt, daß es in Belgien eine Organisation geben sollte, die so tüchtig war, gerade solche Probleme zu lösen wie die, mit denen Øystein sich beschäftigte.

Der Freund schickt Film und Bild an diese Organisation. Es kommt keine Antwort – und auch Film und Bild kommen nicht zurück. Sie sind für immer verschwunden.

Nein, das war wieder vergebens.

Daß er aber das Negativ auch weggeben hatte! Das war zwar nur eine schlechte Amateuraufnahme gewesen, das Bild war mit einer Box-Kamera gemacht worden, von dem Typ, wo man immer gespannt war, ob die Bilder »etwas geworden waren«. Die Kopie war wohl ziemlich verschleiert gewesen, auch nicht ganz scharf.

Aber jetzt waren Bild und Negativ weg.

Im Sommer 1945 haben einige deutsche Kriegsgefangene, die noch im Gudbrandstal sind, ein Kreuz aus groben Fichtenbrettern gemacht. Das Kreuz hat ein Dach, wie es in den Alpen dort üblich ist, wo Wanderer umgekommen sind.

Sie schnitzen eine Inschrift hinein: »Unbekannter deutscher Flieger« und dürfen es ins Gebirge tragen. Sie finden das Flugzeug nicht, stattdessen setzen sie das Kreuz oberhalb der wilden Felsschlucht, die die Gjelåtåe auf ihrem Weg in das Lortal geschnitten hat.

Viele Jahre später, als die Schrift kaum noch leserlich ist, finden einige Jäger das Bretterkreuz, es ist in zwei Stücke gebrochen. Das eine davon gibt ein schönes Kaffeefeuer an einem naßkalten Herbsttag.

Ein altes Bild taucht auf

Es sieht nicht so aus, als ob das Rätsel überhaupt jemals gelöst werden könnte. Zehn Jahre sind vergangen, seitdem Øystein das Bild nach Belgien geschickt hat, und zehn Jahre sind vergangen, ohne daß es möglich gewesen war, weiterzukommen.

An einem Septembertag 1969 streift Øystein bei Grønhø und Digervarden vorbei. Es sollen Rentiere drüben beim Valåsee stehen. Über der Schulter hängt das Mauser Jagdgewehr. Es ist mehrere Jahre her, seitdem er in dieser Gegend gewesen war. Jetzt, da er sowieso in der Nähe ist, macht er einen Abstecher hinüber zum Wrack.

Er sieht gleich, daß die Verwüstung zugenommen hat. Eine neue Art von Andenkenjägern hat begonnen, sich geltend zu machen. Vorher, da war es wichtig gewesen, Sachen zu finden, die man gebrauchen konnte. Jetzt sieht es so aus, als ob das Hauptmotiv darin liegt, sich nur ein Souvenir des Zweiten Weltkrieges zu holen. Gleichgültig was es ist. Selbst belanglose Teile beginnen, Sammlerobjekte zu werden. Zeitungsschreibereien über das »geheimnisvolle Flugzeug« scheinen ihre Wirkung getan zu haben: Das, worauf er das erste Mal 1943 gestoßen war, und das damals ein fast noch intaktes Bombenflugzeug gewesen war, ähnelt immer mehr einem Schrotthaufen.

Er wird ärgerlich bei dem Anblick, er erinnert ihn nur daran, daß er es nie geschafft hat, herauszufinden, was er sich hoch und heilig geschworen hatte: aufzuklären, wo es hergekommen war, wer der Tote war.

Jetzt, da das ganze Plexiglas längst entfernt ist, kann er direkt in die Kanzel hineingehen. Ein naßkalter Herbstwind pfeift monoton durch den Rumpf. Ausgeplündert wie er ist, wird wohl nichts mehr zu finden sein, das erzählen kann, wer der unbekannte Mensch gewesen war.

Noch einmal geht er um die Maschine herum. Er bemerkt, daß die Registrierungsbuchstaben unleserlicher geworden sind. Sind es Zufälle, die die Welt lenken?

Auf jeden Fall geschehen kurz danach zwei Dinge.

Das eine: Die Tochter eines Freundes von Øystein – er ist in der Zwischenzeit nach Eidsvoll umgezogen – verliebt sich in einen jungen Deutschen.

Das andere: Zu Hause in Lesjaskog findet jemand ein altes, mitgenommenes Amateurfoto.

Und jetzt geht alles schnell.

Wir sind in das Jahr 1972 gekommen, das Bild, das auftaucht, erweist sich als eine weitere Kopie der Fotografie, die Øystein 1945 aufgenommen hatte. Immer noch undeutlich, aber auf jeden Fall die einzige, die aus dieser Zeit existiert.

Außerdem sieht es nach einer Heirat für die Tochter des Freundes aus. Und so ist es doch nicht so unwahrscheinlich, daß Øysteins Freund und der werdende Schwiegervater bekannt werden.

Worüber sprechen denn so die beiden? Na ja, es kann vor einer bevorstehenden Hochzeit doch so manches sein, aber eines Tages erwähnt der Senior in Deutschland, daß er – wie die meisten anderen deutschen Männer zwischen 14 und 65 damals im Zweiten Weltkrieg gekämpft hatte. Genauer gesagt, in der Luftwaffe, als Beobachter* – in einer He 111!

Øysteins Freund spitzt die Ohren – er hat längst von der vergeblichen Arbeit gehört, das Flugzeug oben in Lesja zu identifizieren.

Dies erwähnt er gegenüber dem ehemaligen Beobachter von Bonin, der gleich sagt: »Das muß ich doch herausfinden können!«

Denn die Deutschen haben längst die Nachforschung nach dem großen Krieg übernommen, und jetzt wird es sich zeigen, daß das, was vor fünfzehn Jahren die alliierten Behörden ohne viel Umstände aufgegeben hatten, sich jetzt mit Hilfe deutscher, systematischer Gründlichkeit lösen läßt.

»Laß mir Herrn Mølmens Material zukommen«, sagt von Bonin.

Und hinunter nach Deutschland gehen jetzt alle Informationen, die Øystein in dreißig Jahren gesammelt hat.

Mit im Umschlag steckt das Bild, das er neulich gefunden hatte. Aber keine übliche 6×9 Kopie dieses Mal. Nein, durch seine tägliche Arbeit in Gardermoen weiß er, daß die Fototechniker der Luftverteidigung Burschen sind, die alles mögliche von der Foto-Auswertung verstehen.

Das Amateurbild wird in Behandlung genommen, auf der Vergrößerung, die sie jetzt gemacht haben, treten wichtige Details hervor. Das Bild zeigt die Steuerbordseite des Flugzeuges, und es steht nicht »33 C25« da, wie Guttormseen notiert hatte. Das Foto war gemacht worden, bevor Wind und Wetter ihre Verwüstung tun konnten und auf der bearbeiteten Kopie kann man »SJ« und »CN«

* Navigator und Bombenschütze – der Kommandant des Flugzeuges.

110

auf jeder Seite des schwarzweißen Balkenkreuzes lesen. Nicht genug damit, unter den deutlichen Symbolen haben einige von den Zahlen schwach begonnen, sichtbar zu werden, die Guttormsen notiert hatte, sodaß die Häutungstheorie sich bestätigt.

Bei dem Material, das Øystein schickt, ist auch die Auskunft über den Namen im Fliegerhelm.

Von Bonin gibt das ganze an das deutsche Rote Kreuz. Das wiederum schickt den Stoß weiter zu einem neuerrichteten Büro in Berlin: »Deutsche Dienststelle für die Benachrichtigung der nächsten Angehörigen von Gefallenen der ehemaligen deutschen Wehrmacht.«

Bei der Deutschen Dienststelle sitzen Spezialisten aus jedem der Waffenzweige der alten Wehrmacht. Und Herr Wank, der die Luftwaffe-Fragen bearbeitet, hat seine Arbeit gründlich gelernt:

Er weiß, was alliierte Büros, die einmal versucht hatten, das Rätsel zu lösen, übersehen hatten: Das Kampfgeschwader 4 »General Wever« hatte früher die Nummer 253 gehabt. Aber 1938 unternahm Göring eine durchgreifende Veränderung sowohl von Abteilungsbezeichnungen als auch von Registrierungscodes in der Luftwaffe.

»General Wever« – KG 253, mit Kennummer 33 auf den Flugzeugrümpfen, wurde dann zum Kampfgeschwader 4 und bekam die Codebezeichnung 5J. »SJ« war also eine Fehlinterpretation der Fotographie von Øystein gewesen, und sollte 5J heißen. Der erste Buchstabe nach dem Balkenkreuz gab sowohl vor als auch nach 1938 die Numerierung der Maschine in der jeweiligen Gruppe an, und dieses war also Flugzeug Nr. »C«. Die Zahl »25«, die Guttormsen notiert hatte, bedeutete vor 1938 ganz einfach 2. Gruppe, 5. Staffel. Nach der Änderung 1938 wurden diese zwei letzten Ziffern durch einen Buchstaben ersetzt und »N« bedeutete dann das gleiche: »zweite Gruppe, fünfte Staffel.«

Herr Wank braucht jetzt nur den Computer zu fragen, ob er die He 111 mit Kennzeichen 5J+CN kennt. Und das tut er. Die Magnetbänder spucken die ganze Verlustmeldung Nr. 9 aus:

»(Zeitraum 22. 4. – 4. 5. 40) II/KG 4 General Wever: 26. 4. 1940, 30 km südostwärts Åndalsnes notgelandet und seitdem vermißt: Ofw. Günther Hölscher, Hilfsbeobachter, (5. Staffel); Fw. Richard Gumbrecht, Flugzeugführer, (5. Staffel); Uffz. Karl Stolz, Bordfunker, (5. Staffel); Uffz. Willy Stock, Bordmechaniker, (5. Staffel). Lt. Mitteilung des int. Roten Kreuzes wurden Hölscher,

Gumbrecht und Stolz gefangen und nach Kanada gebracht; Stock wurde getötet.«

Daß Herr Wank auf den richtigen Knopf beim Rechner gedrückt hat, kann ein mitgenommener Fliegerhelm mit halb leserlichen Kopierstiftbuchstaben jetzt nur bestätigen.

Wank bekommt noch mehr Daten heraus: 5J+CN hatte am Polenfeldzug 1939 teilgenommen, und war dort von Flak und Maschinengewehrfeuer beschädigt worden. Eine andere Maschine der selben Gruppe, 5J+EN, war bei Przemysl am ersten Tag des Feldzuges abgeschossen worden. Der Besatzung dieser Maschine gelang es, notzuladen und das Flugzeug zu vernichten, bevor sie gefangengenommen wurde.

Die Deutsche Dienststelle kann ergänzend mitteilen, daß die drei Überlebenden der 5J+CN in alliierte Kriegsgefangenschaft geraten und nach Deutschland zurückgekehrt waren, nachdem der Krieg vorbei war. Darüber, wo der umgekommene Bordmechaniker Stock beerdigt ist, weiß man allerdings nichts.

Øystein bekommt zuletzt eine Kopie des Briefes der Deutschen Dienststelle an von Bonin im Juni 1973. Es sind 28 Jahre vergangen, seit er und zwei Kameraden ein Grab bei der Brattmannhø gegraben hatten.

Wo waren die drei jetzt?

Wo waren die drei jetzt?

Øystein schreibt unmittelbar an die Deutsche Dienststelle und fragt, ob man ihm mit den Adressen von Hölscher, Stolz und Gumbrecht helfen kann. Fast ein halbes Jahr später ist es dem Büro in Berlin gelungen, Richard Gumbrecht und Karl Stolz ausfindig zu machen, aber sie haben es aufgeben müssen, Hölscher zu finden.

Es ist kurz vor Weihnachten 1973, und Øystein, der selber nicht besonders versiert in Deutsch ist, sucht einen Kollegen auf, der die Sprache gut beherrscht. Über das Telefonamt spüren sie eine Telefonnummer von einem Bäcker Gumbrecht in Heilbronn auf und setzen sich ans Telefon. Wählen die zwölf Ziffern, hören den Klingelton am anderen Ende der Leitung. Øystein hält den Atem an, als der Hörer abgehoben wird.

Eine Männerstimme antwortet:

»Richard Gumbrecht!«

»Sind Sie der Mann, der im April 1940 mit einer Heinkel 111 in Lesja im Gudbrandstal notgelandet ist?«

»Jawohl!«

Ja doch, das stimmte. Der gute Pilot ist jetzt Bäcker und Konditor. Brötchen, Mischbrot und Kleingebäck sind sein neues Fach; danke der Nachfrage, es geht ihm ausgezeichnet!

Øystein kann fast nicht ruhig sitzen, während der Freund deutsch ins Telefon redet, er muß immer wieder einen kurzen Spaziergang im Zimmer herum machen, er ist lustig wie ein Junge, das ist wirklich interessanter als selbst ein Kompaß mit goldenem Zifferblatt.

Lustig – nein, das ist nicht der richtige Ausdruck. Aber glücklich und heiter, das darf er nach dreißig Jahren Nachgrübeln sein.

Gumbrecht ist ehrlich erstaunt über den Anruf und verspricht, einen langen Brief an Øystein zu schicken und im Detail zu erzählen, was in den jetzt so fernen Apriltagen 1940 geschehen war.

Dann schreibt Øystein an Karl Stolz, der in Kirchheim/Teck, 100 Kilometer von Heilbronn, wohnt, und fragt, was er zu erzählen hat.

Mitte März hat er Antwort von allen beiden, dicke Briefe, die die letzten kleinen Stücke im Puzzle auf ihren Platz fallen lassen. Denn keiner von den zweien hat Schwierigkeiten damit, sich an den Abschuß und die darauf folgenden Tage zu erinnern.

Aber wo ist Günther Hölscher? Gumbrecht schreibt, daß das letzte, was er wußte, war, daß er auf einem Bauernhof in der Nähe von Hamburg gearbeitet hatte. Seitdem sind alle Spuren verschwunden.

Gumbrecht und Stolz hatten auch nichts über das weitere Schicksal des anderen gewußt, bis jetzt, als die Deutsche Dienststelle mit in das Bild gekommen war und Øystein Kontakt mit beiden bekommen hatte.

Früher oder später mußte er wohl den Kommandanten an Bord auch ausfindig machen können, aber vor allem war es jetzt wichtig, die Angehörigen des erst kürzlich identifizierten Willy Stock aufzuspüren. Das Berliner Büro hatte doch geschrieben, daß es den deutschen Stellen nicht bekannt war, wo er begraben lag. Øystein wußte, daß die Aufgabe, die er sich als Sechzehnjähriger gesetzt hatte, nicht vollendet war, ehe die Familie des Toten gefunden und ihr Nachricht gegeben worden war, wo Willy lag.

Sobald der Brief von von Bonin an Øystein gekommen war, schrieb er selbst an die Deutsche Dienststelle und erzählte, daß er es gewesen war, der den Toten im Gebirge begraben hatte, und daß die Leiche später auf den Friedhof von Dovre umgebettet worden war.

Im selben Herbst – es ist November 1973 – setzte sich die Deutsche Dienststelle in Verbindung mit dem »Volksbund deutscher Kriegsgräberfürsorge« in Kassel und legte die Korrespondenz bei, die man mit Herrn Mølmen in Norwegen geführt hatte.

In der Zwischenzeit hat Øystein erneut mit dem norwegischen Kriegsgräberbüro Kontakt aufgenommen und erfahren, daß der Unbekannte auf der Brattmannhø schon in den frühen fünfziger Jahren nach Oslo überführt worden war, wo man ab 1953 deutsche Gefallene vom Østlandsgebiet auf einem neuangelegten Soldatenfriedhof, Alfaset, gesammelt hatte.

Es dauert fast ein Jahr, bevor Kassel antwortet. Das kann verziehen werden, in einem Land, das zwei Millionen Gefallene hat. Der »Volksbund« hat gründliche Untersuchungen durchgeführt, mit norwegischen Behörden konferiert, und kann definitiv feststellen, daß es Unteroffizier Willy Stock, geboren in Hohenhausen/Lippe, sein muß, der dann und dann vom Friedhof von Dovre überführt worden ist und jetzt unter der Grabplatte »Unbekannter« an dem näher angegebenen Ort auf Alfaset ruht. Erst als man sich in dieser Sache ganz sicher ist, will Kassel den Namen der nächsten bekannten Angehörigen, Ehefrau Augusta Stock, letzte bekannte Adresse Am Kreuzchen 10, Erfurt, vermitteln.

Der Volksbund in Kassel schreibt auch direkt an Øystein. Seine lange Aufklärungsarbeit hat großen Eindruck unter den zehntausenden von Fällen gemacht, die dieses Büro behandelt, und man dankt für alle die Mühe, die er sich gemacht hat. Man verspricht auch, dafür zu sorgen, daß das Grab auf Alfaset sobald wie möglich einen neuen Stein bekommt, auf dem Name und Personalien eingemeißelt werden sollen.

In Hohenhausen geboren, in Erfurt verheiratet? An einem Tag im November 1974 setzt sich Øystein nieder und verfaßt zwei weitere Briefe. Er quält sich mit dem Deutsch etwas ab, aber es geht dann doch irgendwie.

Ein Brief geht an den »Herrn Bürgermeister in Erfurt«. Øystein ist sich nicht ganz sicher, ob er sich so nennt, aber nun bleibt es eben so. Er bittet um Hilfe, Frau Stock zu finden. Aber es kommt nie eine Antwort.

Dagegen reagiert der Polizeimeister in Hohenhausen, der auch einen Brief von Øystein bekommt, sehr rasch.

Nur einige Wochen später liegt ein Brief im Briefkasten in Eidsvoll, der Absender ist ein Herr Karl Stock aus Rinteln an der Weser. Durch die Polizeikammer hat er einen Brief aus Norwegen bekommen und kann sich als ein zehn Jahre älterer Bruder von Willy vorstellen.

Herr Stock in Rinteln ist ein alter Mann. Er kann dem Norweger nicht genug dafür danken, daß er endlich Nachricht über das Schicksal des Bruders bekommen hat. Über eine knappe Meldung von der Gruppe aus dem Jahr 1940 hinaus, daß Unteroffizier Stock tot war, hatte er nichts erfahren. Er freut sich darauf, die Auskünfte aus Norwegen an seinen Bruder Fritz weiterzugeben, der mit seinen 74 drei Jahre älter ist als Karl Stock. Er will auch versuchen, seine Nichte in Erfurt zu unterrichten. Willys Frau Augusta ist seit einigen Jahren tot, aber die Tochter Anneliese soll immer noch dort leben, soweit er weiß.

Jetzt entsteht ein jahrelanger Briefwechsel zwischen den Alten in Rinteln und Øystein. Ständig kommt Karl Stock darauf zurück, wie glücklich er darüber ist, zu wissen, daß die Grabstelle des Bruders jetzt bekannt ist. Er bestellt einen Platz auf einer gemeisamen Reise, die der Volksbund deutscher Kriegsgräberfürsorge das Jahr danach nach Norwegen veranstalten wird, dort wird man deutsche Soldatenfriedhöfe besuchen. Er freut sich auf die Reise.

Er schreibt auch, daß er die Kameraden des Bruders, die noch leben, gerne treffen würde und äußert den Wunsch, auf der Norwegenreise mit Øystein zusammenkommen zu dürfen.

Aber Karl Stock wird krank, sein Arzt sagt nein, es wird nichts aus der Norwegenreise.

Er fragt, ob Øystein ihm nicht ein Bild vom Grab des Bruders beschaffen kann, es würde ihm sehr viel Freude machen, er möchte natürlich alle Unkosten decken, wenn sich der Norweger die ganze Mühe machen will.

Karl Stock ist lange krank, der Rheumatismus ist so schlimm, daß er nicht selbst schreiben kann. Aber später, im Frühling 1978, kann ein Freund ihm einen Brief an Øystein aufsetzen.

Der Brief enthält eine Adresse in Erfurt, von der er meint, daß es die von Willys Tochter Anneliese sei.

Die herrschenden politischen Verhältnisse haben leider sichere Informationen schwierig gemacht, Karl Stock hofft, daß Herr Mølmen versteht.

5J+CN entsteht von neuem

Oben bei der Brattmannhø hat die Verwüstung zugenommen. Anfang der siebziger Jahre sind die Zerstörungen soweit vorangeschritten, daß es nur noch eine Frage der Zeit sein kann, wann die 5J+CN als Schrotthaufen in Vergessenheit gerät.

An einem Sommertag kommt eine Gruppe Kanadier im Minibus in das Lortal. Sie sind mit schwerem Werkzeug ausgestattet und kommen mit der ganzen Schwanzflosse zum Tal zurück. Die Nostalgie hat den zweiten Weltkrieg erreicht und ein Seitenruder mit einem Hakenkreuz darauf ist eine begehrte Trophäe.

Das Flugzeugwrack fängt an, eine Frage des Naturschutzes zu werden: Bis jetzt war es wie eine düstere, aber trotzdem ziemlich intakte Erinnerung an eine dunkle Zeit da gelegen. Jetzt ist es bald nur noch Schrott.

Am 11. August 1973 sind drei Männer vom norwegischen Flughistorischen Verein oben und nehmen das Elend in Augenschein. Sie sehen gleich, daß, obwohl das Wrack so miserabel aussieht, Rumpf und Flügel intakt hervorstehen. Das Flugzeug kann geborgen und restauriert werden, es besteht kein Zweifel daran. Mit den flughistorischen Kenntnissen, die die drei haben, sind sie sich darüber im klaren, daß dies ein Museumskleinod ersten Ranges werden könnte: Nur vier andere deutsche Flugzeugtypen wurden in größerer Stückzahl als die He 111 gebaut. Als der Krieg endete, hatten 5656 Exemplare des Typs 111 in verschiedenen Versionen die Fließbänder im Dritten Reich verlassen. Aber sie waren fast alle abgestürzt, zerbombt oder auf andere Weise zerstört worden. Von dem, was einmal als das stromlinienförmigste und fortschrittlichste Flugzeug der Welt galt, gibt es keines mehr in der originalen P-Version wie das Flugzeug bei Lesja.

Aber es wird keine einfache Arbeit sein, diese Maschine zu restaurieren. Die Instrumente sind weg, die Waffen, die Einrichtung, ja, die ganze lose Ausrüstung. Samt einer Menge anderer wichtiger Teile.

Es wird ein Geduldspiel werden, die Maschine so wiederherzustellen, daß sie aussieht wie 1940, als sie das Land hinter den norwegischen Linien verheerte, denkt Bjørn Olsen – einer der drei, die das Wrack besichtigen. Zu seinem Verdruß sieht er, wie ihn die leeren Halterungen in Kanzel, Bombenraum und Funkraum angrinsen. Daß die Struktur des Rumpfs intakt ist, ist eine Sache. Aber wird man das große Puzzle schaffen, alle die Kleinteile zusammenzusammeln, die im Laufe der Jahre losgerissen und entfernt worden sind?

Er geht durch den Funkraum und klaubt eine Handvoll leerer Patronenhülsen auf. Findet auch ein paar leere Maschinengewehr-Magazine. Schweigsame Zeugen eines Luftkampfes vor langer Zeit . . .

Bjørn schmiedet das Eisen, solange es heiß ist. Nur ein paar Tage später geht ein Brief vom Flughistorischen Verein an das Verteidigungsministerium. Das Ministerium antwortet schon im Oktober: Man verfolgt die Angelegenheit. Später, im Sommer 1974, wird ein formeller Beschluß gefaßt. Nachdem der Staat rechtmäßiger Eigentümer aller Wracks von Kriegsflugzeugen ist, wäre es naheliegend, daß die Luftverteidigungs-Gutachterkommission für das Kriegsmuseum die 5J+CN besichtigte und Stellung dazu nähme, ob die Maschine restauriert und in das Kriegsmuseum aufgenommen werden sollte, das in Norwegen errichtet wird.

In einem fürchterlichen Regenwetter begibt sich die Kommission, die aus Oberst N. M. Jørgensen und Oberstleutnant O. Vollan besteht, ins Gebirge, mit Øystein als Ortskundigem. Die 5J+CN wird gründlich untersucht. Die Kommission schlägt Bergung und Restaurierung vor.

Die Presse wirft sich auf die »Story«. Eine Mittagszeitung wittert einen fetten Stoff und schickt ein Reporterteam ins Gebirge. Auf einer Doppelseite wird der »Riesige Adler« präsentiert. Der Journalist gibt eine farbenreiche Beschreibung, berichtet von dem Fund, der gemacht worden war, von dem unbekannten Toten. Er schreibt: »Den Lederhandschuh des Fliegers haben die Leute in Frieden gelassen. Das Unbehagen hat selbst den wagemutigsten Souvenirsammler davon abgehalten, diese Trophäe mitzunehmen.«

Aber der Journalist ist tapferer: da der Tote schon einmal begraben worden war, hat Pastor Guttormsen einen Knochen übersehen. So etwas kann passieren, wenn das Grab ein Geröllhaufen aus Feldsteinen ist. Der Mitarbeiter der Zeitung weiß sich über das unheimliche Gefühl hinwegzusetzen, das andere überkommen haben muß, hier ist ein *Stoff!* Der Knochen wird mitgebracht, ein Arzt äußert sich zu dem Fund, die Auflage wird verstärkt. Die Reportage wird hervorragend, ein ausgezeichneter Lesestoff. Und in der Schreibtischschublade des Journalisten liegt ein ungewöhnliches Andenken, geeignet an schaudernde Interessenten vorgezeigt zu werden. Es war einmal ein Arm gewesen.

Das Verteidigungsministerium entschließt sich: Das Wrack soll geborgen und an einen geeigneten Ort für die Restaurierung gebracht werden.

Im Spätherbst 1975 fliegt eine Gruppe technisches Personal vom Luftstützpunkt Gardermoen mit einem Hubschrauber nach Gjelåtbotn hinein, um die Operation zu planen. Hier wird viel Ausrüstung und spezielles Werkzeug gebraucht. Es ist nicht überraschend, daß Leutnant O. Mølmen bei dieser Gruppe mit dabei ist.

Es sind viele Dinge, an die man denken muß. Flügel und Rumpf können nicht ohne weiteres in Stücke geschnitten werden. Man muß das Flugzeug in die selben Teile demontieren, aus denen es ursprünglich aufgebaut war.

Spät im Frühling 1976 ist alles klar. Aufs neue wirbelt ein Hubschrauber hinein über die kahle Hochebene. Er führt fünf Mechaniker und Techniker der Luftverteidigung mit sich, die jetzt eine ziemlich naßkalte Existenz im Zelt fristen müssen, während die Arbeit im Gange ist.

Kompressoren, Wagenheber, Schneidbrenner und Spezialkräne werden in die Gebirgsöde hineingeflogen. Unten im Lortal wird ein Treibstoffstützpunkt und Werkzeugdepot errichtet, und hierher werden auch die Teile geflogen, wie sie nach und nach die Mechaniker da oben demontiert haben.

Vom Bahnhof von Lora geht die 5J+CN als loses Gut nach Gardermoen, und da beginnt eine mühsame Arbeit, um das Flugzeug Stück für Stück zusammenzusetzen.

Aber es fehlen, gelinde gesagt, viele Steine in diesem Puzzlespiel. Nicht nur sind Instrumente und Ausrüstung von den Souvenirjägern entfernt worden, sondern mehrere ganz wichtige Teile sind auch bei der Landung so zerstört worden, daß sie nicht repariert werden können. Das gilt zum Beispiel für das Spornrad, Teile des Fahrgestells, die Hauptträder – und das »Sterbebett«, in dem Willy Stock seine Tage beendet hatte.

Die Propellerblätter sind zu Töpfen in Lesjas Küchen geworden, und das Flugzeug hat auch keine Schwanzflosse mehr, nachdem die Kanadier auf Besuch gewesen waren.

Die Mängelliste, die aufgesetzt wird, ist deprimierend lang. Øystein kann zwar seine Sammlung aus dem ehemaligen Kinderzimmer in Lesjaskog als ersten Beitrag geben, eine Schachtel voller Instrumente – und einen Kompaß mit gelber Ziffernscheibe!

Aber das ist nur ein schmächtiger Anfang. Wird es überhaupt gelingen, die Maschine wieder aufzubauen, 35 Jahre nachdem die deutsche Luftwaffe zerbrochen war – und mit so vielen Einzelteilen in alle Winde zerstreut?

In der Zwischenzeit wird eine Übersicht über alle Flugzeughavarien in Norwegen gefunden, und der erste Schritt ist nun, die Fälle anzugehen, bei denen He 111 beteiligt gewesen waren. Gleichzeitig inseriert die Luftverteidigung in den Lokalzeitungen und bittet alle, die Gegenstände von der 5J+CN haben, darum, diese zurückzugeben. Die Anzeigen bringen anfänglich keine besonderen Ergebnisse, aber der erste, der sich meldet, kann jedenfalls eine komplette Funktstation anbieten, in voller Ordnung.

Nachdem die Restaurierung fortschreitet und die Zeitungen anfangen, von der Arbeit zu berichten, werden die Leute bereitwilliger, mit »Beiträgen« zu kommen. Kleinteile, unter anderem aus den Motoren, strömen herein und eines Tages kann der Mechaniker auf Gardermoen die Kurbelwelle in einem der Daimler-Motoren durchdrehen.

Trotzdem: Wichtige Hauptteile sind und bleiben verschwunden.

Da zeigt es sich, daß ein anderes Wrack Hilfe leisten wird.

An einem der letzten Apriltage 1940 stand der Bauer Olav Holum draußen auf dem Vorplatz seines Bauernhofes in Dombås. Die Frau war im Vorratshaus und buk Brot.

Eine Heinkel He 111 kam niedrig über den Hof. Holum und die Frau waren eigentlich daran gewohnt, daß die Flugzeuge in diesen unruhigen Zeiten keine große Höhe hielten, aber das! Hilfe und Erbarmen, das konnte nicht gutgehen . . .

Die Frau im Vorratshaus hörte nur einen gewaltigen Krach, und als sie hinaufschaute, sah sie blauen Himmel, wo vor einer Sekunde ein ziemlich solides Holzdach gewesen war.

Das Flugzeug hatte das Dach des Vorratshauses mit sich gerissen und landete hinter dem Stall, dabei rutschte es so entlang, daß Erde und Mist wie Kaskaden in die Luft flogen.

Das Flugzeug ist kaum unten, als drei Männer herausspringen. Sie schreien laut und laufen auf Holum zu, gleichzeitig geben sie Zeichen, daß jemand im Flugzeug zurückgeblieben ist. Olav läuft hinüber und sieht, daß ein Mann festgeklemmt in dem liegt, was die Bodenwanne gewesen war. Der, der da liegt, ist am Leben, aber

120

schwer verletzt. Holum läuft nach einer Brechstange und schafft es, den Deutschen frei zu bekommen. Der kann auf den Beinen stehen und wankt zusammen mit seinen drei Kameraden über den Hof, bevor er umfällt – hier muß eine Bahre her.

Holum schickt eine Meldung an norwegische Sanitäter und alle vier Deutschen werden von den Norwegern gefangengenommen.

Dies geschieht zur gleichen Zeit, zu der sich drei andere Heinkel-Flieger durch den morschen Schnee am Bergabhang oberhalb Holum plagen . . .

Kurz danach nimmt die deutsche Wehrmacht Dombås ein und die Besatzung, die hinter dem Stall von Olav Holum gelandet war, kann wieder zu den eigenen Streitkräften zurückkehren.

Aber Holum ist eigentlich ganz zufrieden: Die Flieger sind gerade erst abgeführt worden, als er schon anfängt, Sachen vom Flugzeug zu demontieren, die er meint verwenden zu können. Ein erfinderischer Landwirt sieht schnell, was nützlich sein kann.

Er bekommt das kleine Spornrad vom Wrack los und hat auf einmal eine Schubkarre mit Gummirad. *Das* war etwas, was im Gudbrandstal in diesen Zeiten kaum einer hatte. Und nach und nach bekommt er eine schöne Sammlung Ersatzteile für die landwirtschaftlichen Geräte im Wagenschuppen.

Aber die Freude währt nur kurz. Deutsche Truppen haben ihr Hauptquartier in Dombås errichtet, und es ist nicht zu verbergen, daß man ein Bombenflugzeug in privater Verwahrung hat. Eines Tages kommt ein sehr schroffer Offizier an der Spitze einer Streife zum Hof, er befiehlt Hausdurchsuchung und überschüttet Olav Holum mit einer Flut von Schimpfworten in deutsch: Daß er auf diese Weise wagen konnte, über Flugmaterial des Führers nach eigenem Belieben zu verfügen!

Jedes Bröckchen, das Holum losgeklaubt hatte, wird beschlagnahmt. Die Soldaten setzen danach das Wrack in Brand, bevor ihr Wagen wieder aus dem Hof rasselt.

Nein, nein, das war es also gewesen, und so mußte doch wieder das alte Holzrad an den Karren, denkt Holum und geht langsam zum Abfallhaufen, um es wiederzufinden.

Einige Zeit später kommt ein Brief zum Hof. Er ist vom Kommandeur des X. Fliegerkorps, Generalleutnant Geisler unterzeichnet, der in höflichen Wendungen sehr die schroffe Handlungsweise seiner Männer bei Holum beklagt. Ganz im Gegenteil. Die deutschen Streitkräfte schulden Herrn Holum großen Dank dafür, daß er sich um den verletzten Flieger gekümmert hat. Als eine kleine Anerkennung erlaubt man sich, einen Verrechnungsscheck über 500,– Kronen beizulegen! Olav muß jetzt schon lachen.

Aber noch mehr lächelt er einige Tage später. Ein riesiger deutscher Lastwagen biegt in den Hof ein. Erst denkt er: Herrgott, nicht schon wieder! Aber der Fahrer hält auf dem Innenhof an, springt heraus und salutiert. Dann öffnete er die Verriegelung am Lastwagen und kippt die ganze Ladung aus. Was war das? Ja doch, sämtliche Teile, die der böse Offizier beschlagnahmt hatte. Alles zusammen ist von jetzt ab Herrn Holums Eigentum, wird mitgeteilt, man dankt noch einmal, auf Wiedersehen!

Und so bekommt die Schubkarre zum zweiten Mal ein Gummirad. Es tut fast 40 Jahre Dienst, bis die norwegische Luftverteidigung eines Tages anklopft und fragt, ob Holum sich einen Handel vorstellen könnte. Man braucht ein Schwanzspornrad von einer Heinkel und kann zum Tausch ein fabrikneues gewöhnliches Schubkarrenrad anbieten, eingekauft beim Konsumladen!

Unten im Romstal stößt die Rekonstruktionsgruppe auf noch etwas: Auf den flachen Feldern beim Fiva Hof, zwischen Romsdalshorn und Trollveggen, war eine andere Heinkel notgelandet, nachdem sie an der Bombardierung von Åndalsnes teilgenommen und einige Flaktreffer abbekommen hatte. Die Landung war – fast – gutgegangen. Die Maschine kam zu weit hinaus gegen das Flußufer zu und hielt erst an, als der Rumpf sich auf das Eis zur Ruhe gelegt hatte.

Während die Besatzung gefangengenommen wird, wird das Flugzeug von der Lokalbevölkerung ausgeplündert. Es bleibt nicht lange Zeit zum Handeln, denn die Rauma bricht in der Schneeschmelze auf und bald sinkt das Bombenflugzeug in die schäumenden Wassermassen hinunter.

Aber zu Hause im Wohnzimmer bei einer Familie in Åndalsnes kann man sich bald danach über eine sehr exklusive Stehlampe freuen: Sockel und Schirm werden von einem strammstehenden dünnen Propellerblatt drüben in der Ecke getragen. Und einer von den Landwirten im Distrikt hat einen neuen elektrischen Viehzaun bekommen. Denn er hatte es geschafft, den Generator loszuschrauben, bevor die Heinkel gesunken war, und hat ihn jetzt mit einem Wasserrad gekoppelt. Der Bauer kann registrieren, daß die deutsche Generatorbaukunst tadellos funktioniert: Die Kuh springt himmelhoch, wenn sie in die Nähe der hitzigen Volt der Luftwaffe kommt.

122

Oben beim Grøvelsee in Femundsmarka liegt der einsame Bauernhof Ryvang. Eines Tages im ersten Kriegsfrühling schwankt ein krankgeschossenes Flugzeug von Narvik nach Süden und versucht, Fornebu zu erreichen. Aber nein, der Motor versagt und eine Notlandung ist der einzige Ausweg. Der Flieger versucht es am Grøvelsee, wo das Frühjahrseis dicht liegt, aber nicht besonders sicher ist, jetzt, wo die Sonne angefangen hat, ordentlich zuzugreifen. Die Notlandung wird nahe beim Ufer abgeschlossen, dort sinkt das Flugzeug in seichtes Wasser.

In diesem Sommer fährt der Mann aus Ryvang auf dem Grøvelsee in seinem Motorboot mit neuen Steuergeräten an Bord: Zufrieden lenkt er sein klinkergebautes Boot mit dem Steuerhorn einer He 111. Ein bißchen von all dem anderen hat er auch losgeschraubt, bevor ein deutsches Wasserflugzeug eines Tages auf dem See landet, um das Wrack beim Ufer zu zerstören. Es gelingt ihnen nicht, es anzuzünden, und sie versuchen stattdessen, es in Brand zu schießen. Sie erreichen damit zwar, den Wald in Brand zu setzen, aber das Wrack hält sich ziemlich gut. Und der Bauer in Ryvang kann in alle Ruhe fortfahren, sich Requisiten zu holen.

Eine Generation später schwirrt ein Hubschrauber der Luftverteidigung nach Femundsmarka und zum Grøvelsee. Der alte Ryvang ist in der Zwischenzeit gestorben, aber sein Sohn Martin läßt sich nach einigen Verhandlungen zu einem Tausch überreden. Das Verteidigungsministerium verschafft ihm unter anderem eine Radführung, die er für einen Traktoranhänger gebrauchen kann – dagegen, daß man die Hand auf das Steuerhorn im Motorboot legen kann. Und genauso wichtig: Unter Martin Ryvangs assortierten Eisenwaren findet man die Lösung eines zentralen Problems: In der 5J+CN hatte der vorderste Teil der Nase gefehlt, wo die Aufhängung für das Maschinengewehr des Beobachters montiert gewesen war. Gerade ein solches Teil hat Martin Ryvang, und der Hubschrauber nimmt es mit.

Trotzdem: Neue Schwierigkeiten tauchen bei der Restaurierungsarbeit auf. Das Steuerbordfahrgestell kann repariert werden, aber das von Backbord war und bleibt verschwunden. Kann etwas von Interesse in Rauma gefunden werden? Die Reise geht nach Fiva, ein Traktor zieht das Wrack an Land. Da waren die Untergestellteile, die man brauchte.

Bei der selben Gelegenheit sichert man sich die exklusive Stehlampe in Åndalsnes, natürlich gegen einen passenden Tausch, und der Generator vom Viehzaun geht auch mit auf die Fuhre zurück nach Gardermoen.

In Vivestad in Vestfold kommt man zu einem vollständigen dreiblättrigen Propeller, der wird gegen einen Kavalleriesäbel umgetauscht, und von Rakkestad läuft der Mutterkompaß der 5J+CN ein.

Aber wie soll man die Nuß knacken, die die fehlende Schwanzflosse darstellt? Man konnte sich noch nicht entschließen, eine neue zu machen. So weit wie möglich sollten original Heinkelteile für den Wiederaufbau verwendet werden.

Die Wrackübersicht wird aufs Neue durchgekämmt: In einem See in der Nähe von Bodø sollten während des Krieges zwei He 111 durch das Eis gebrochen sein. Eine Taucherexpedition zieht los. In 20 Meter Tiefe finden die Froschmänner das, wonach sie suchen. Darf es eine vollständige Schwanzflosse mit Seiten- und Höhenruder sein? Bitte schön!

Aber was sollte man mit den Hauptträdern tun? Die Felgen hat man zwar, aber die Reifen waren längst zu Stiefelsohlen in Lesja geworden, damals, als selbst Fischhautschuhe Rationierungsware gewesen waren.

Ein Ju 88-Reifen taucht vom Namtal auf, der hat die richtigen Maße für die Heinkelfelgen. Vom Mosjøen war ein defekter Originalreifen gekommen, aber der konnte nicht gebraucht werden, wie er war. Eine Reifenfirma in Hamar sagte: Wartet mal, das schaffen wir! Ein Traktorreifen wird in den defekten Flugzeugreifen einvulkanisiert und mit Plastikmasse gefüllt, und damit ist die Radfrage gelöst.

Nach fast 40 Jahren im Hochgebirgsklima war von der Farbe auf dem Flugzeug nicht viel übrig. Aus den Fugen zwischen den Platten des Rumpfes kann man einige kleine Proben des Originallacks herauskratzen, und schickt die Proben an die Firma »Star Maling og Lakk« in Drammen. Dort wird die Zusammensetzung analysiert und ein entsprechender Lack komponiert. Es war nett, helfen zu können!

Schwieriger war es mit der originalen Bewaffnung des Flugzeuges. Zwei von den Maschinengewehren hatten der junge Øystein und sein Kamerad im Geröll versteckt und seitdem waren die zwei Waffen nicht zu finden gewesen. Wahrscheinlich liegen sie noch da. Das Maschinengewehr, das zum Dorf mitgeschleppt worden war, kam auch auf Abwege. Das wurde endlich oben bei einem Büchsenma-

124

cher in Nord-Norwegen aufgespürt – und damit kam auf alle Fälle eins von den originalen MG an seinen Platz.

Eine von den Kleinigkeiten, die man vermißte, war das Hauptserienschild des Flugzeuges, mit Produktionsnummer und anderen Daten. Das Schild war an seinem Platz unter der Flugzeugnase gewesen, als der Rumpf stückchenweise auf Eisenbahnwagen im Bahnhof von Lora gelagert wurde.

Und da sah jemand eine Gelegenheit, es zu stehlen . . .

Die letzten Steine

Unten in Bayern lebt ein früherer RAF-Mann, der jetzt als Sprachenlehrer bei der Bundeswehr angestellt ist. Wenn Richard Chapman nicht Englisch unterrichtet, dann arbeitet er nach Feierabend als Mitarbeiter von *Modell Magazin,* einer Zeitschrift, die in Düsseldorf herauskommt und die – unter anderem – Stoff von flughistorischem Interesse beinhaltet. Und als Flughistoriker nimmt Chapman im Herbst 1976 mit Bjørn Olsen in Norwegen Kontakt auf, um zu erfahren, ob dieser mit einigen Fotos von der Bergung eines britischen Halifax Flugzeuges in Trøndelag helfen kann.

Die zwei bleiben in ständigem Briefkontakt miteinander und beschaffen einander Informationen in ihrem gemeinsamen Hobby. Eines Tages erwähnt der Norweger, daß eine Heinkelmaschine aus Lesja restauriert werden soll, und Richard Chapman reagiert sofort. Er weiß allzu gut, daß eine He-111 P, milde gesagt, ein seltener Leckerbissen für einen Flughistoriker ist, und ist begierig darauf, mehr zu hören.

Bjørn Olsen kann da auf einen Artikel verweisen, den er einige Jahre vorher für eine englische Zeitschrift über die Geschehnisse bei Digervarden geschrieben hatte, und es endet vorläufig damit, daß die zwei sich einig werden, einen Aufsatz im *Modell Magazin* zu machen.

Und für einen solchen Aufsatz hätten sie gerne Kontakt mit der Besatzung der 5J+CN aufgenommen.

Chapman schreibt an Øystein Mølmen, der ihm die Adresse von Stolz und Gumbrecht gibt. Er erfährt gleichzeitig, daß es nicht möglich gewesen sei, Hölscher aufzuspüren.

Richard Chapman kommt mit Gumbrecht sofort in Kontakt, aber drei Briefe, die er an Karl Stolz schickt, bleiben unbeantwortet.

Das ärgert ihn. Aber dann, am 15. April 1977:

Entmutigt darüber, Antwort auf keinen der Briefe an Stolz bekommen zu haben, schwört Chapman sich: Jetzt oder nie:

Er ist an diesem Tage gerade mit der Arbeit fertig geworden; er trankt den Wagen auf und brummt die 120 oder 130 Kilometer von Kaufbeuren nach Kirchheim bei Stuttgart, wo Mølmen angegeben hatte, daß Stolz wohnen sollte. Aber als er zu der genannten Adresse kommt, erfährt er, daß der Mann umgezogen ist. Er klingelt bei einem Nachbarn, erklärt seinen Auftrag und bekommt eine Adresse in Heilbronn angegeben. Heilbronn? Das ist doch dort, wo auch Gumbrecht wohnt . . .

Volle Fahrt zurück nach Kaufbeuren, Richard Chapman nimmt sich nicht einmal Zeit, seiner Frau Guten Abend zu sagen, bevor er zum Telefon in der Diele greift und die angegebene Telefonnummer wählt.

Der frühere Bordfunker und Unteroffizier Karl Stolz ist wie aus allen Wolken gefallen über den Anruf, aber er zögert nicht, dem Engländer zu sagen, daß er überhaupt nicht an Chapmans Problemen interessiert ist.

»Der Krieg ist vorbei und sollte vergessen werden!« sagt Stolz abweisend und ist daran, aufzulegen.

Guter Rat ist teuer und Chapman beginnt fast fieberhaft, von den anderen Besatzungsmitgliedern zu reden, erzählt, daß Richard Gumbrecht in der selben Stadt wohnt, hatte Stolz das nicht gewußt?

Nein, das hatte Karl Stolz nicht gewußt – und jetzt legt er doch nicht auf, er hört sich an, was Chapman über die Nachforschung in Norwegen erzählen kann. Aber als der Engländer fragt, ob er einige Bilder an das *Modell Magazin* ausleihen kann, lehnt er aufs neue scharf ab: Bestimmt nicht!

Um das Gespräch in Gang zu halten, fängt jetzt Richard Chapman an, von Günther Hölscher zu sprechen. Karl Stolz wird freundlicher.

»Ja, an Hölscher erinnere ich mich gut genug! Ein feiner Kerl, wir flogen in Polen, zusammen mit Willy Stock und einem anderen, er hieß Gotthold Klenk, wir wurden gefangen genommen. . . Doch, Feldwebel Günther Hölscher ist ein Mann, vor dem ich Respekt habe.«

»Wissen Sie, wo er jetzt ist?«

»Keine Ahnung. Wir landeten jeder in einem anderen Gefangenenlager in Kanada und verloren den Kontakt zueinander, wir drei, die den Flug nach Åndalsnes überlebten. Aber warten Sie ein bißchen, einmal vor langer Zeit war da jemand, der erwähnte, daß Hölscher ein Mädchen aus Weinheim geheiratet haben soll . . .

Weinheim! Ein paar Minuten später wählt Chapman die Nummer der Auskunft. Ob ein Hölscher in Weinheim an der Bergstraße lebt?

Das ist ein Treffer – und einen Augenblick später hat er Kontakt.

»Sind Sie Günther Hölscher?«

Eine tiefe Stimme antwortet. »Ja . . .«

»Sagt Ihnen die Kombination 5J+CN etwas?«

Ohne Zögern kommt die Antwort: »Das war mein Flugzeug.«

Hölschers Gedächtnis ist erstaunlich. Über das Telefon gibt er Chapman eine Menge Details. Er erinnert sich an jede Einzelheit des letzten Fluges. Quer-Fragen zeigen, daß der Mann recht hat, in allem, was er sagt. Das Bild der Begebenheiten von damals rundet sich.

Und nicht lange danach kann Chapman ein Treffen zwischen den drei Besatzungsmitgliedern arrangieren.

Die Verbindung zwischen dem Norweger Bjørn Olsen und dem englischen Sprachlehrer in Bayern sollte noch fruchtbarer werden. Schon als die Pläne der Restaurierung Gestalt annahmen, hatte Bjørn Olsen den Faden von Øystein Mølmens privaten Nachforschungen aufgenommen, und durch seine Kontakte in flughistorischen Kreisen hatte er sich eine Abschrift der Einsatzberichte von der Flugabteilung der ›Ark Royal‹ besorgen können. Hier findet er eine Aufzeichnung darüber, daß einem Fähnrich Wigginton ein wahrscheinlicher Abschuß gutgeschrieben worden war, ein »Probable« am 26. 4. 1940.

Nach den Daten, die in dem Bericht angegeben sind, nimmt er an, daß dieser Wigginton von der 801. Staffel der Todesschütze für die 5J+CN gewesen war.

Er erwähnt dies in einem der ersten Briefe an Chapman. Jetzt zeigt es sich, daß Chapmans RAF-Vergangenheit zu unschätzbarem Nutzen wird: Durch 12 Jahre Dienst in der britischen Luftwaffe hat er die verschiedenen Kanäle in der Bürokratie kennengelernt, und als Flughistoriker weiß er außerdem, wo die verschiedenen Archive zu finden sind.

Er hat Kontakt mit Gumbrecht und Stolz bekommen, er hat Hölscher aufgespürt. Schön und gut. Aber als Brite ist er interessiert daran, den oder die ausfindig zu machen, die die Deutschen abgeschossen haben – vielleicht sind sie am Leben, auch sie? Eineinhalb Monate nach dem Gespräch mit Weinheim ist er in Kontakt mit dem Naval Historical Branch im britischen Verteidigungsministerium, MOD. Er möchte nachgeprüft haben, ob es ein Wigginton war, der das näher angegebene deutsche Flugzeug abgeschossen hat.

Überraschend antwortet MOD nein, es waren zwei andere Maschinen von der gleichen Abteilung, die die Heinkel definitiv erledigt haben. Wigginton hatte eine *andere* deutsche Maschine in der gleichen Formation beschossen, und die war nicht mit Sicherheit als abgestürzt gemeldet.

Chapman wundert sich über die Antwort, aber er bekommt eine unerwartete Bestätigung dafür, daß das MOD wohl Recht hat:

Richard Gumbrecht, mit dem Chapman jetzt regelmäßigen Kontakt hat, leiht dem Briten einen Brief, den seine Mutter vom Staffelkapitän der 5./KG 4 bekommen hatte, nachdem die Männer als vermißt gemeldet worden waren. Hauptmann Leythäuser stellt in diesem Brief fest, daß eine Maschine, nämlich die, die Gumbrecht führte, in der Nähe von Lesjaskog notlanden mußte. Es war dann unwahrscheinlich, falls es wirklich Wigginton war, der Gumbrechts Flugzeug abgeschossen hatte, in einem solchen Fall nur ein »Probable« anzunehmen.

Naval Historical Branch holt die Namen der Piloten der ›Skua‹ heraus, die die Heinkel angegriffen hatten, die notlanden mußte, also 5J+CN. Lieutenant Commander Peter Bramwell, Kapitän der 801. Staffel, flog die A7-A. Mit sich beim Angriff auf die deutsche Maschine hatte er Leutnant William Martyn in der A7-C, kann das Archiv berichten.

Neue Untersuchungen bringen zu Tage, daß Peter Bramwell 1975 gestorben war.

Was Martyn betraf, so wurde mitgeteilt, daß er der kanadischen Luftwaffe angehört hatte und in Kanada wohnhaft war.

Mit großer Spannung schreibt Chapman an die Adresse, die er drüben angegeben bekommt, aber er erhält keine Antwort. Bjørn Olsen forscht seinerseits mit Hilfe der kanadischen Behörden, und nach Anfragen an eine Reihe von Stellen kommt zum Schluß eine kurze Meldung, daß William Martyn am 3. 4. 75 gestorben war – zwei Jahre bevor Chapman seinen Brief an ihn geschrieben hatte.

Noch gab es trotzdem eine Möglichkeit, Kontakt mit jemandem zu bekommen, der an dem Drama auf britischer Seite beteiligt gewesen war: Die ›Skua‹ hatten Zweimann-Besatzungen. Wenn man nur ausfindig machen könnte, wer in Bramwells und Martyns Flugzeug mit dabei gewesen war!

Als RAF-Mann weiß Chapman, wo man suchen muß. Die Funker/Schützen, die im letzten Krieg kämpften, haben ihre eigene Organisation, die *Telegraphist Air Gunners Association*. Und durch sie kommt er auf die Spur von Martyns Bordschützen. Der Mann heißt Reginald Davies und lebt jetzt friedlich in Surrey. Chapman ruft ihn an und bekommt bestätigt, daß er bei dem Abschuß bei Lesjaskog 1940 mit dabei gewesen war.

Schwieriger ist es mit Bramwells Bordschützen. Zwar hat er einen Namen angegeben bekommen, John Collett, aber lebt er? Und wenn ja, wo? Er findet nichts heraus und ist nach ein paar Jahren daran, aufzugeben, als man beim Naval Secretary, Whitehall, London, durch einen reinen Zufall herausfindet, daß das der selbe Collett war, der im aktiven Dienst in der Royal Navy gewesen war, bis er 1965 als Commander in Pension ging. Collett lebt in Sussex und ist nicht weniger überrascht als Davies, als Chapman schreibt und über die »Nachforschungen« erzählt.

Er stellt Collett die gleiche Frage, die Davies bekommen hat: Könnten die zwei sich vorstellen, Hölscher & Co. wieder zu treffen – in friedlicher Form dieses Mal?

Beide bejahen.

Das gleiche tun die drei Deutschen, als sie hören, daß zwei von ihren Gegnern aufgespürt sind. Ja, sie möchten sie gerne treffen.

Fast 40 Jahre sind vergangen, es sind fünf ältere Männer, die sich jetzt treffen wollen. Die Perspektiven haben in der Zwischenzeit andere Linien bekommen.

Teil III – Wer warst du, Willy Stock?

»Die Reihen fest geschlossen . . .«

An einem Tag im letzten Sommer nehme ich die U-Bahn von Oslos Stadtmitte aus, ich habe einen Blumenstrauß gekauft, ich steige in Tveita aus. Ich erkundige mich nach dem Weg zum deutschen Soldatenfriedhof in Alfaset. Die ersten vier, die ich frage, wissen ihn nicht, der fünfte kann mir den Weg ungefähr zeigen.

Es ist ein trostloser Tag: harter Regen, die Berge um Oslo herum sind im grauen Regennebel gerade noch sichtbar. Ein kalter Nordoster weht, die Blätter auf den Bäumen verdrehen sich im Wind.

Ich stapfe die alte Strømsstraße das letzte Stück entlang, der dichte Verkehr brüllt gnadenlos vorbei. Was dem Regen nicht gelingt, vollenden die Spritzer von den vorbeifahrenden Autos: Klatschnaß finde ich den Weg zur dunklen Granitmauer mit der kleinen Bronzetafel neben dem Tor: Deutscher Soldatenfriedhof.

Umkränzt von der dunklen Mauer und von schweren Tannen liegt eine große, flache Grasebene vor mir. Hier und da Gruppen von drei Kreuzen, in dem selben düsteren Granit. Rechts beim Eingang eine Gedenkhalle in schwerem germanischem Stil. Die Halle gibt Schutz vor dem peitschenden Regen, das Halbdunkel macht es schwer, die Namentafeln zu lesen. Drei Wände bedeckt mit dicht gemeißelten Namen. Ich suche, aber finde den Namen dessen, den ich suche, nicht. In der Hand habe ich einen Zettel mit einem Buchstaben- und Zahlen-Code. Der Volksbund Deutscher Kriegsgräberfürsorge in Kassel hat in seinen Büchern nachgeschlagen und gefunden, daß der bis vor kurzem unbekannte Flieger aus Lesja vom Friedhof von Dovre in die große Gemeinschaftsanlage bei Oslo umgebettet worden ist.

Am Anfang hatte ich nichts anderes auf dem riesigen Rasen gesehen als die verstreuten Kreuzgruppen. Jetzt trete ich auf die Fläche hinaus und sehe, daß überall Reihen von kleinen Schieferplatten, 30 cm im Quadrat, liegen. Die Fliesen liegen auf gleicher Höhe mit den Graswurzeln, militärisch ausgerichtet. Eine halbvergessene Strophe kommt mir in den Sinn, hier und jetzt ein blutiger Hohn: »Die Fahne hoch, die Reihen fest geschlossen!«.

Das Horst-Wessel-Lied. Einmal mit dem Echo von einem begeisterten Großdeutschen Reich. Im Takt schickte es eine Generation in den Tod.

»Die Reihen fest geschlossen . . .« Ja, hier liegen sie, die Glieder so stramm wie damals.

Aber unter sechs Fuß Erde.

Zu zweit unter der selben kleinen Fliese. Es wurde schnell eng, als der Saldo des Krieges abgerechnet werden sollte.

Rang, Name. Geboren, gestorben. 3200 junge Leute, allein hier. Der Regen schlägt leise Trommelwirbel gegen die Fliesenreihen.

Warum ist dieser Friedhof so verschieden von denen, die wir sonst sehen?

Ich denke nur kurz nach, bevor die Antwort von alleine kommt: Es sind nicht so sehr die einförmigen Gräber. Aber hier sind keine Blumen. Kahl liegen die Reihen, es ist etwas unbeschreiblich Trauriges an Alfaset.

Ich suche die Reihen entlang. Name auf Name. Alle waren sie einmal unsere Feinde gewesen. Und alle hatten jemand zu Hause gehabt, der sich um sie kümmerte, der vergeblich gewartet hatte.

Es regnet schrecklich.

Die Reihe hinauf, die Reihe hinab, alle waren unsere Feinde, alle hatten jemanden . . . Neunzehn Jahre, zweiundzwanzig. Zwanzig, vierundzwanzig. Von den Rangbezeichnungen weht der Luftzug einer bösen Zeit: »Gefreiter«. »Feldwebel«. »Scharführer«. Aber sie hatten auch Namen: Peter, Jürgen, Uwe, Dieter, Walter . . . Allerdings, hier sind auch genug Fliesen, wo nur steht: Unbekannter. Der Regen steht in kleinen Pfützen auf den Fliesen, sie schimmern grau zurück.

Endlich finde ich den Ort, nach dem ich suche: »»Unteroffizier Willy Stock: 18. 5. 13–26. 4. 40«.

Ich wische etwas Schmutz und Blätter weg, zwicke einige Grasbüschel ab, die über die Buchstaben stehen. Dann packe ich den Strauß aus, der fünfunddreißig Kronen gekostet hat. Ich hatte der

Verkäuferin erzählt, daß er für ein Kriegsgrab sein sollte. Jetzt sehe ich, daß sie – sehr gut gemeint – einen Strauß von roten, weißen und blauen Blumen zusammengestellt hat. Na gut.

Ich habe auch eine billige Plastikvase spendiert, so kann der Strauß mehr oder weniger aufrecht stehen, das sieht schöner aus.

Es war Willys Bruder gewesen, der an Øystein geschrieben und gefragt hatte, ob das nicht gemacht werden konnte. Selbst sieht er ein, daß er wohl nicht gesund genug werden wird, um nach Norwegen zu fahren. Er hatte auch gefragt, ob ein Bild vom Grab des Bruders aufgenommen werden könnte, das würde er gerne haben.

Ich habe mich entschieden, nach Deutschland zu fahren, um ihn und die anderen zu treffen, die eine Beziehung zu diesem fernen Tag 1940 haben. Deshalb stehe ich jetzt auf diesem Friedhof und nehme meine Bilder auf. Die Linse ist beschlagen, meine Güte, was für ein Wetter, aber ich schaffe das, was ich tun soll, so einigermaßen.

Auf dem Weg hinaus zur Strømsstraße drehe ich mich um und schaue noch einmal über die Grasebene. Der Strauß, der jetzt da draußen steht, verstärkt nur den einsamen Eindruck.

Sie waren zwanzig Jahre alt, etwas mehr. Heute wären sie sechzig gewesen. Die, die sie einmal zurückerwartet haben, müssen jetzt sehr alt sein.

Es sind vielleicht nicht mehr so viele, die den Weg hierher finden. Und in ganz wenigen Jahren keine mehr.

In Alfaset 3200. In ganz Norwegen 13375. Ein vergessenes Regiment, stramm ausgerichtet für alle Ewigkeit.

Wir hatten sie nicht gebeten, zu kommen. Aber sie fragten wohl selbst auch nicht danach, bei Oscarsborg, in Haugsbygd, in Narvik, in Vinjesvingen, in Dovre getötet zu werden.

In einer Mauernische beim Ausgang liegt ein Besucherbuch. Ich notiere meinen Auftrag, sehe, daß einige wenige Angehörige hier auch dieses Jahr vorbeigekommen sind, ihren kleinen Gruß in die Rubrik für so etwas geschrieben haben.

Ich bin froh, hier allein zu sein. Es ist etwas in den einfachen Zeilen, geschrieben von Leuten, die ich nicht kenne, die irgendwie bedrücken. Es tut weh, das zu lesen. Hier wie da einer, der sich bemüht hat.

Und der einen Krieg verlor. 3200, 13375, zwei Millionen Soldaten insgesamt – die umsonst gestorben sind.

Die Gruppen von drei Kreuzen – ein großes, zwei kleinere. Es war ein anderes Mal, vor zweitausend Jahren, daß drei Kreuze so standen. Wer sind wir, daß wir gleich alle die zwei Millionen verurteilen?

Ich stapfe wieder zur U-Bahn hinauf. Und denke – wozu soll das sein, diese Sache mit den Blumen?

Den Unteroffizier Stock kannte ich nicht. Außerdem ist er seit 38 Jahren tot, Deutscher war er noch dazu.

Aber ein alter Mann unten in Deutschland hat gefragt, ob es sich mit einem solchen Bild machen ließe. Es kann für ihn vielleicht noch eine Freude sein, ich weiß es nicht.

Der alte Mann in Rinteln

Der alte Mann kommt mir langsam entgegen. Er bewegt sich nur mühsam auf der kleinen Villenstraße, geht schwerfällig mit seiner Krücke. Wir treffen uns an der Reihe von wohlgepflegten Häusern, von den Wiesen sickert ein schwerer Duft von Hochsommer herein und in den Baumkronen weht ein sanftes Abendlüftchen. Die schläfrige Stimmung einer Kleinstadt, wie man sie überall findet. Ein schlimmer Rheumatismus hat den jetzt 75 Jahre alten Karl Stock fast unbeweglich gemacht, den größten Teil des Tages verbringt er im Haus drinnen.

Trotzdem will er mir entgegenkommen, denn ihm ist dieser Besuch wichtig.

Seine Tochter folgt dem Alten, sieht darauf, daß er mit dem Gehen zurechtkommt. Die Enkelkinder wimmeln um ihn herum, sie springen und kichern – es ist spannend mit dem Besuch, ich komme von weit her, das ist ein nicht alltägliches Ereignis.

»Ja, sind Sie es, der aus Norwegen kommt?« fragt der Alte, reicht eine magere Hand. »Danke dafür, daß Sie sich die Mühe gemacht haben«, sagte er und zeigt mit dem Stock in welche Gartentür wir hineingehen sollen.

So gehen wir langsam an kleinen Beeten entlang ins Haus hinein, ich sage, hier ist es richtig schön, und er antwortet, doch, danke, es ist gut und friedlich hier auf die alten Tage.

Ich werde ins Wohnzimmer geführt, Frau Stock grüßt: »Es ist freundlich von Ihnen, diesen ganzen langen Weg zu kommen.«

Ein schläfriger Lokalzug hatte mich die 60 oder 70 Kilometer von Hannover nach Süden, zu den welligen Hügeln des Weserberglandes, gebracht. Der letzte Halt war die kleine Stadt Rinteln gewesen – eine Ansammlung von Häusern auf beiden Seiten der Weser und keineswegs eine der bedeutendsten Städte der Welt. Für mich hat der Name nur eine einzige Gedankenverbindung: Der Deckname für einen fernen Blitzkrieg gegen den Norden: »Weserübung«.

Denn hier in Rinteln wohnt der Bruder von dem, den Øystein im Geröll bei der Brattmannhø beerdigt hat. Øystein hat mich darum gebeten, zu gehen, selbst ist er, wie gesagt, nicht versiert in Deutsch.

Also, in seinem Namen bin ich gefahren, im Gepäck habe ich die Antwort auf so viele von den Fragen, die die Familie sich gestellt hat, und ich habe Bilder mit. Von der Brattmannhø, von Alfaset.

Ich bringe auch meine eigene Neugierde mit: Wer war er, der unbekannte Tote, welche Wege führten ihn dazu, eine namenlose Leiche im Lesjagebirge zu werden?

Denn auch für mich schließt diese Reise einen Ring: Es sind zehn Jahre her, seitdem einige Freunde und ich neben dem verschneiten Wrack oben im wilden Gebirge gestanden waren und uns gefragt hatten, welche Schicksale wohl mit der unbekannten Maschine verknüpft waren. In einigen Tagen werde ich die drei Überlebenden treffen und ihren Bericht hören.

Vom Keller wird eine Flasche vom besten Wein des Hauses heraufgeholt, wir sitzen um den Wohnzimmertisch herum, ich zeige das Bild von Lesja vor, zeige mit dem Finger, erkläre. Zum Bild von Alfaset brauche ich nicht soviel zu sagen. Der Alte entschuldigt sich, daß er seine Brille abtrocknen muß, dann holt auch er ein Bild hervor – ein abgenutztes Paßfoto von einem jungen Rekruten, er schaut grimmig, so wie man sein soll, wenn man die Uniform angezogen hat.

»Das ist das einzige Bild, das ich von Willy habe«, sagt er. »1940 bekamen wir nur eine kurze Meldung von seiner Einheit, daß die Engländer sein Flugzeug abgeschossen hatten und daß Willy umgekommen war. Danach hörten wir nichts mehr. Es passierte doch so viel in den Jahren danach, wie Sie ja wissen. Wir erwarteten nicht, mehr zu erfahren. Dann bekamen wir, nach mehr als 30 Jahren, diesen Brief von Ihrem Freund, Herrn Mølmen, der uns sagen konnte, was mit Willy geschehen war und daß er jetzt endlich einen Friedhof bekommen hatte, worin er ruhen kann. Können Sie verstehen, wie dankbar wir sind für alles, was Ihr Freund getan hat?«

Ich sage: »Erzählen Sie von Ihrem Bruder!«

Karl Stock schaut auf das Foto, schüttelt fast unmerklich den Kopf: »Ich kannte ihn kaum, und jetzt sind so viele Jahre vergangen, ich erinnere mich nicht mehr an so viel. Wir waren vier Geschwister, die in Hohenhausen in Lippe, südlich von hier, aufwuchsen. Von uns vier war Willy der jüngste, dann habe ich einen älteren Bruder, der noch lebt, und eine Schwester, die nach dem Krieg starb.

Hohenhausen war kein großer Ort, 3000 Einwohner. Vater verdiente sich den Lebensunterhalt im Sommer auf einem Ziegelwerk. Im Winter machte er Zigarren. Wir sind ausgekommen. Aber als ich selbst siebzehn war, mußte ich in die Arbeit hinaus und fuhr nach

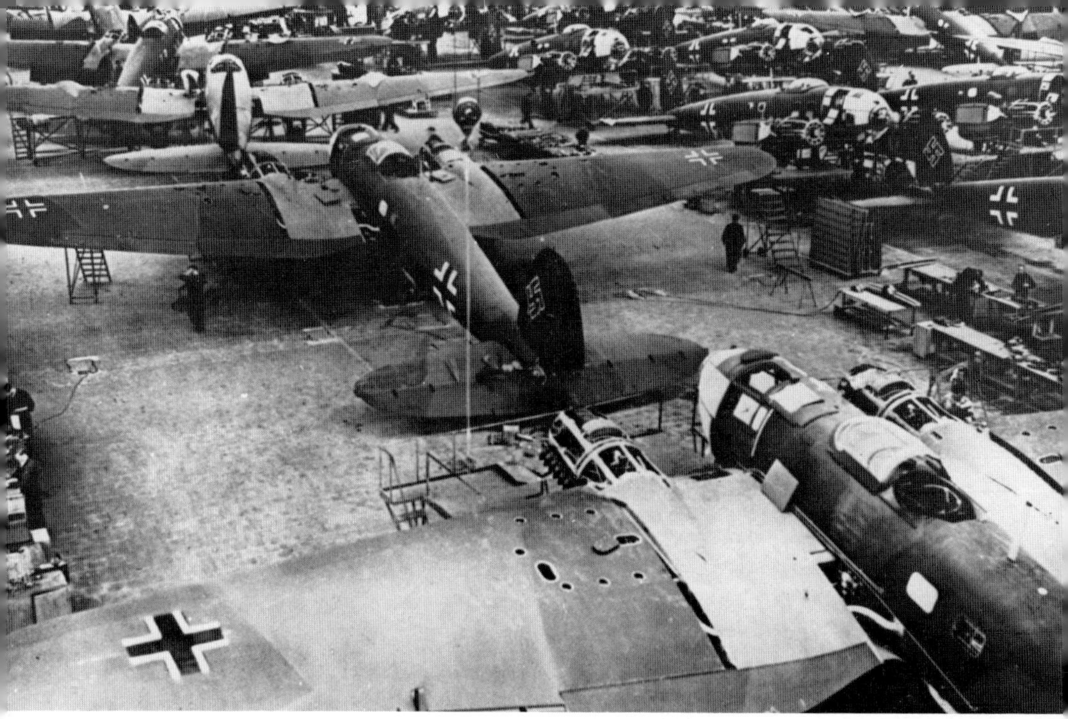

Nur wenige andere Flugzeugtypen wurden in größerer Anzahl von den Deutschen gebaut als die He 111. Insgesamt wurden 5656 Maschinen von diesem Typ hergestellt – heute sind in der ganzen Welt nur noch zwei vorhanden. Die Briten haben eine – und in Gardermoen steht die 5J+CN.

In den letzten Jahren, bevor beschlossen wurde, das Flugzeug herunterzuholen und zu restaurieren, hatten Verwüstungen der Souvenirjäger gewütet. 1969 war es nur noch eine Frage der Zeit, wann das Wrack als ein unkenntlicher Schrotthaufen in die Geschichte eingehen würde. *(Foto: Gløer Wandug Iversen)*.

Die 5J+CN wird im Juni 1976 vom Lesjaberg heruntergeholt. Der Rumpf und die Flügel sind getrennt worden, einer der Hubschrauber der Landesverteidigung bringt die schwere Last hinunter ins Lortal. *(Foto: Stig Näss).*

Die letzte Reise für die letzte He 111 P der Luftwaffe: Zerteilt geht die Fahrt mit der Eisenbahn von Lora nach Gardermoen. *(Foto: Ø. Mølmen).*

Die Restaurierung der 5J+CN wurde ein Puzzle von gigantischen Dimensionen. Das Wrack war seines Inventars beraubt worden und allein die Rekonstruktion der Kanzel brachte beachtliche Probleme mit sich. Hier hebt Hauptmann Øystein Mølmen eine der Instrumententafeln an ihren Platz in der Plexiglas-Nase. *(Foto: Per Svensson).*

Willy Stock.

Augusta Stock – »Gustl«.

Links: Einer von den wenigen, kurzen Urlauben. Willy zu Hause bei seiner »Gustl«. Sie planten eine gemeinsame Zukunft.

Rechts: Anneliese auf Besuch beim Großvater in Hohenhausen.

Links unten: Nach 35 Jahren trifft Øystein Mølmen (links) Günther Hölscher, der im Sommer 1978 mit seiner Frau Norwegen besuchte. Øystein lud sie zum Lortal ein, zusammen zogen sie ins Gebirge, zu einem seltsamen Treffen mit der Vergangenheit. (Foto: K. A. Nilsen).

Nachdem die norwegischen Luftstreitkräfte 1976 das Wrack des Bombenflugzeuges entfernt haben, hat selbst ein scharfes Auge heute Schwierigkeiten, den Landeplatz auf der verlassenen Halde zwischen Brattmannho und Digervarden zu finden.

Rechts: Aber neulich hat jemand ein rohes Kiefern-Kreuz über der Stelle errichtet, wo die drei Überlebenden Deutschen ihren toten Kameraden zurücklassen mußten. Das Kreuz trägt die Inschrift: »Willy Stock *18. 5. 13 †26. 4. 40.« (Foto: Øystein Mølmen).

Hameln. Seitdem lebte ich nicht mehr in Hohenhausen, war nur hin und wieder zu Hause auf Besuch. Als ich wegfuhr, war Willy erst sieben Jahre alt, hatte kaum mit der Schule angefangen, er war nur ein kleines Brüderchen. Sie verstehen, es ist nicht soviel, woran man sich erinnern kann. Aber als Willy mit der Volksschule fertig war, begann er eine Schmiedelehre. Es war nicht leicht mit Arbeit in dieser Zeit, aber Willy war stark – er konnte sich in der Schmiede nützlich machen. Dann kamen die Jahre der Arbeitslosigkeit, man hungerte, die Tage hatten keine Bedeutung. Ah, Sie sind jung. Sie können sich nicht vorstellen, wie es war. Aber ich kann Ihnen erzählen, einmal kam der Hitler und redete auf einer Wahlversammlung in Lippe, es war schwarz von Leuten, er versprach Arbeit, Essen . . . Ich saß nur einige Meter von ihm weg – er bekam viele Anhänger in Lippe. Er war der Retter – glaubten wir.

Willy wurde nach einiger Zeit auch arbeitslos, wie so viele andere. Aber dann kam die allgemeine Wehrpflicht. Da war er 22 Jahre alt, es war 1935. Er wurde Infanterist, das können Sie vom Bild sehen. Sie verstehen, beim Militär, da konnte man auch eine sichere Stellung bekommen. Man bekam sein Essen jeden Tag, man bekam seine Löhnung, da glaubt man ein bißchen mehr an sich selbst. Man war gesichert, das war etwas in dieser Zeit.

Als Soldat wurde Willy an mehrere Orte versetzt, und er kam nicht oft auf Urlaub nach Hause. Bald kam er zur Luftwaffe und wurde nach Erfurt verlegt. Eines Tages hörten wir, daß er geheiratet hatte. Dann sahen wir ihn nicht mehr. Er verschwand einfach in Ihrem Land.

Unsere Eltern nahmen es sehr schwer, als die Meldung 1940 kam. Besonders war die Ungewißheit darüber, was eigentlich passiert war, hart für sie zu ertragen. Vater und Mutter konnten sich nicht dazu bringen, zu glauben, daß der Kleinste für immer weg sein sollte. Eines Tages ging Vater zu einem Wahrsager, um Hilfe zu bekommen. Dieser Wahrsager hat dann erzählt, daß Willy schwer verwundet worden war, aber daß er es geschafft hatte, sich ostwärts nach Rußland durchzuschlagen und nun als Gefangener in der Sowjetunion saß. Eines Tages würde er wohl zurückkommen.

Vater glaubte blind daran. Er wurde sehr alt, bis zu seinem Todestag 1970 hat er auf Willy gewartet. Fünfundzwanzig Jahre lang hoffte er, und wir ließen ihn hoffen.«

Ich werde gebeten, zum Abendessen zu bleiben, sie wollten mehr über Norwegen hören, vielleicht meinen sie auch, daß es gut ist, wenigstens mit jemandem zu sprechen, der aus dem Land kommt, wo Willy geblieben ist.

Karl Stocks Frau hat das Beste aufgetragen, was die Küche hergeben kann. Es werden Kerzen am Tisch angezündet, es wird vor dem Essen gebetet.

Ihre Gastfreundlichkeit macht einen tiefen Eindruck auf mich, es wird ein besonderer Tag.

Es ist spät, als ich zu meinem Hotel in Rinteln zurückkomme. Es ist ein kleines Wirtshaus, in der Bierstube im ersten Stock sitzt eine Gruppe von Gästen in den Sechzigern und ist sehr laut. Sie sind rot im Gesicht und kräftig, einem der Leute fehlt der rechte Arm. Mit lauten Stimmen reden sie über das eine oder andere Gefecht in den Ardennen. Sie haben einen langen Abend gehabt, und die vielen Biere machen die Sätze nicht deutlicher für einen Ausländer.

In ihrer dickleibigen und lärmenden Wucht hätten die fünf Männer abstoßend gewirkt, hätte ich sie in einem ehemaligen besetzten Land – Norwegen zum Beispiel – getroffen.

Aber in dieser dumpfen Bierstube ist statt dessen eher etwas Tragisches um sie. Es ist ohne Zweifel nicht nur ein Arm oder ein Bein, das in einem Krieg kaputtgehen kann. Es ist sicher nicht der erste Abend, an dem sie hier sitzen und laut werden, dazu sind sie zu betrunken.

Worüber sie schwadronieren? Ah, wo zum Teufel war es gewesen? Es gibt Dinge, die man nur mit denen teilen kann, die dasselbe erlebt haben. Auch darin kann man einsam sein – bis das Bier zum Gott weiß wievielten Mal seine Wirkung tut. Mein Zimmer liegt direkt über der Bierstube. Ich höre, wie einer der alten Kämpen brüllt: »Der Scheißkerl!«

Durch mein Fenster strömt der spröde Ton einer Kirchenglocke, die Mitternacht schlägt.

Die Gesellschaft taumelt auf die Straße hinaus, und nach dem Gesang, der gegen die Häuser schallt, können sie wohl kaum mehr gerade gehen.

Ein Freund von Willy

Der Bäckerladen liegt in einer ruhigen Seitenstraße, er hat eine vergoldete Brezel über der Tür und Kekse zur Ausstellung im Fenster, er könnte genausogut in der norwegischen Stadt Horten wie in Heilbronn stehen.

Eine Glocke läutet, als ich die Tür aufmache und hineingehe. Das Fräulein an der Theke sagt bitte, ich antworte, daß ich kein Brot kaufen will, aber ob Herr Gumbrecht da sei?

Er kommt aus der Bäckerei, ich erkenne ihn leicht wieder von den Bildern, die Øystein früher zugeschickt bekommen hatte: Eine federnde Gestalt, die die Jahre gut behandelt haben, das schmale Gesicht, der scharfe Blick, der trotzdem etwas grundlegend Freundliches in sich hat.

Er grüßt dann auch herzlich, wir gehen in die Privatwohnung hinter der Bäckerei. Seine Frau setzt Kaffee und hauseigenes Gebäck auf den Tisch.

Ich sage: »Das ist sehr eigenartig, hier zu sitzen und Kuchen zu essen bei dem, der das Flugzeug geführt hatte, das wir im Schnee fanden!«

Er antwortet:

»Versuchen Sie sich vorzustellen, wie überrascht ich war, als ich nach so vielen Jahren den Anruf aus Norwegen bekam – und dann den von Richard Chapman, der erzählen konnte, daß Stolz auch hier in Heilbronn wohnte und daß Hölscher in Weinheim aufgespürt worden war.«

Ich sage, daß die Geschichte über die 5J+CN ein Buch werden würde, und ich gerne hätte, daß er mir erzählte, was geschehen war. Richard Gumbrecht hat nichts dagegen, zu berichten:

»Ich meldete mich 1937 als Freiwilliger, ich war damals 18 Jahre alt. Ich war in die Bäckerlehre in Heidelberg gegangen, aber bin hier aus Heilbronn – der Bauernhof meiner Eltern lag gegenüber auf der anderen Straßenseite. Ich kam zur Luftwaffe, und der Einsatz in Norwegen wurde mein erster und letzter. Als Kriegsgefangene wurden wir nach England gebracht, dann weiter nach Kanada. Es sollten sieben Jahre vergehen, bis ich wieder nach Hause kam – das war übrigens eine besondere Heimkehr: Am Heiligen Abend 1947 erreichte ich Heilbronn, es war ziemlich spät geworden und ich klopfte bei meinen Eltern an, die nicht ahnten, wo ich war. Meine Mutter schloß auf und meinte, daß ich das schönste Weihnachtsgeschenk war.

Gegenüber lag ein anderer Bauernhof, der war zerbombt; ich kaufte das Grundstück und baute die Bäckerei. Seitdem habe ich Brot und Kuchen gebacken und nicht so viel daran gedacht, was in Norwegen passierte. Es war doch nur ein kurzes Zwischenspiel – obwohl ich den langen Marsch im morschen Schnee nicht gerne noch einmal machen würde. Ich kann mich erinnern, ich ging die meiste Zeit als Erster und schlug die Kruste mit den Ellenbogen in Stücke . . .

Und so tauchen die Details auf, Gumbrecht erzählt, Stückchen fügt sich zu Stückchen, meine Notizen werden ein dicker Papierstoß.

Er bricht ab, sagt:

»Aber jetzt fahren wir zu Karl Stolz hinüber, ich rufe an und sage, daß wir kommen, es sind nur ein paar Minuten mit dem Auto!«

Gesagt, getan, bald danach setzen wir uns beim Möbelhändler im Ruhestand, dem früheren Unteroffizier Stolz, hin. Er ist kompakt gebaut, ein bißchen untersetzt, am Anfang etwas skeptisch, so wie er es auch gegenüber Richard Chapman gewesen war.

Aber er wird gleich freundlicher gestimmt, als ich sage, daß ich Grüße aus Rinteln mitbringe und daß ich gerne mehr über Willy Stock hören möchte.

»Willy und ich wurden 1937 miteinander bekannt, als wir zusammen im KG 4 landeten. Wir wurden gute Freunde. Wir waren gleich alt, und ich erinnere mich an ihn als einen munteren Kerl mit Freude am Leben. Ein gemütlicher Kamerad, ein Kumpel wie wir in unserer Gegend sagen. Ich selbst begann 1934 in der Luftwaffe und nachdem ich aus Erfurt bin, hatte ich nichts dagegen, dorthin versetzt zu werden.

Wir fühlten uns im Dienst wohl, alle beide, aber je mehr Zeit verging, desto klarer wurde , daß es auf Krieg hinauslaufen mußte. Keiner glaubte mehr so recht daran, daß wir darum herumkommen könnten. Und es war dann Willy, der oft sagte: ›Laßt uns leben, solange wir können, keiner weiß, was der morgige Tag bringt.‹

In Friedenszeiten war es damals so, daß neue Flugzeugbesatzungen mit einem erfahrenen Beobachter als Chef ihre weitere Ausbildung erhielten. So gab es einen ständigen Wechsel, aber im Dezember 1938 kamen Willy und ich in dieselbe Besatzung, zusammen mit Gotthold Klenk, einem Kerl, der Erfahrung vom freiwilligen Segelflugunterricht der Hitlerjugend hatte, und Günther Hölscher. Höl-

144

scher war jünger sowohl als Willy als auch ich selbst. Wenn er Beobachter und Chef an Bord wurde, so war es, weil er sich als natürlicher Anführer erwies. Wir nannten ihn ›den Langen‹ und hatten großen Respekt vor ihm.

Wir waren also dieselbe Gruppe, die ein Dreivierteljahr zusammen flog, bevor es mit Polen zu krachen anfing und allem, was nachher kam.«

Während Karl Stolz erzählt, ist seine Frau Gertrud dazugekommen, jetzt reden sie abwechselnd über die Kriegsjahre.

»Wir wohnten nicht so weit weg von Willy und seiner jungen Frau Augusta. Selbst waren wir seit 1935 verheiratet gewesen und hatten bereits einen Sohn. ›Gustl‹, wie wir Willys Frau nannten, hatte gerade erfahren, daß sie schwanger war, als unsere Männer nach Hause auf Weihnachtsurlaub kamen – ich erinnere mich, wir waren auf dem Bahnhof, um sie abzuholen, als sie kamen. Es war das letzte Mal, daß sie zu Hause waren, der Osterurlaub wurde gestrichen, und dann begann der Krieg in Norwegen. Es sollten sieben Jahre vergehen, bis ich Karl wiedersah«, erzählt Gertrud Stolz.

Im Frühjahr 1940 bekamen wir die erste Mitteilung, daß etwas nicht stimmte«, setzt sie fort. »In dieser Zeit war es streng verboten, etwas anderes als deutschen Rundfunk zu hören, trotzdem kam eines Tages ein Offizier vom Fliegerhorst und erzählte, daß er London gehört hatte. Da hatte BBC gemeldet, daß eine Gruppe von Kriegsgefangenen von Norwegen nach England gebracht worden war. Das war noch früh im Krieg, man hatte Zeit, die Namen vorzulesen. Wir bekamen Bescheid, daß Hölscher, Gumbrecht und Stolz nach dem Absturz in Norwegen gefangengenommen worden waren. Stocks Name wurde nicht genannt, ich dachte mir mein Teil«, sagt Gertrud Stolz. »Kurz danach bekam ich einen Brief von Karl, er erzählte mit den wenigen Worten, für die Platz auf der zensierten Briefkarte war, was passiert war. Ich habe es nicht über mich gebracht, es Gustl zu erzählen, sie hatte nur noch zwei Monate, bis sie niederkommen sollte. Erinnern Sie sich, wir waren Freundinnen. Es war schwer, so etwas zu wissen und nichts sagen zu können. Und da ging sie herum, fast noch ein kleines Mädchen, und sprach davon, wie glücklich Willy über das Kind sein würde . . .

Dann kam die endgültige Mitteilung, einige Tage bevor Anneliese zur Welt kam. Gustl weigerte sich, zu glauben, daß Willy tot war.«

»Es verging eine lange Zeit, bis ich nach Hause kam«, erzählt

Karl Stolz. »Wir waren bis spät im Frühling 1946 in Kanada, dann wurden wir nach England hinübergeschickt. Dort hielten sie uns ein weiteres Jahr; wir waren damit beschäftigt, Straßen zu bauen. Im Februar 1947 wurden wir nach Deutschland verlegt und landeten in einem Internierungslager in der Nähe von Erfurt. Das paßte ganz gut, eines Abends bin ich jedenfalls abgehauen, um Gertrud und unserem Sohn Guten Tag zu sagen, bevor ich wieder zurückschlich. Aber nach vierzehn Tagen bekamen wir unsere Freiheit und ich konnte für immer nach Hause ziehen.«

»Einer nach dem anderen von denen, die wir kannten, die in Kriegsgefangenschaft gewesen waren, kehrte zurück,« sagt Gertrud Stolz.

»Augusta, die die Hoffnung nicht hatte aufgeben wollen, wartete auch. Eines Tages, gleich nachdem Karl gekommen war, besuchte sie uns, es war etwas Müdes über sie gekommen. ›Dann geht es wohl doch nicht gut‹, erinnere ich mich, daß sie sagte. In der Zeit, die folgte, hatten wir mit ihr nicht viel Kontakt. Es war, als ob sie sich in sich selbst eingeschlossen hatte.

Das ging so eine längere Zeit, aber eines Tages klingelte sie wieder. Als ich aufmachte, sah ich sofort, daß etwas geschehen war, sie war verändert. Ich bat sie, hereinzukommen, aber sie blieb draußen stehen. So sagte sie zu Karl und mir: ›Warum habt ihr mich angelogen? Willy ist nicht tot!‹

Dann erzählte sie von dem Schwiegervater, der bei einem Wahrsager zu Hause in Lippe gewesen war, daß es sicher sei, daß Willy in Rußland lebte.«

Karl Stolz: »Wir versuchten, ihr verständlich zu machen, daß das nicht richtig sein konnte, ich erzählte jetzt unverblümt, was oben im Gebirge in Norwegen passiert war. Ich erzählte, wie Willy von einem Kugelschauer getroffen wurde und daß er tot war, als wir von ihm gingen. Ich konnte sehen, daß das, was ich erzählte, wie mit Messern in Gustl hineinstach, es war auch schmerzhaft für mich. Sie fing an zu weinen, dann drehte sie sich um und rannte weg. Seitdem haben wir sie nicht mehr gesehen.«

Dann erzählen die Stolzes, daß sie einige Jahre danach die DDR verließen und in der Bundesrepublik ansässig wurden. 1955 fuhr Gertrud Stolz nach Gotha zurück, um ihre Verwandten dort zu besuchen, und bei diesem Anlaß machte sie auch einen Abstecher nach Erfurt, um Gustls Eltern aufzusuchen. Aber vergebens, es gelang ihr nicht, sie aufzuspüren.

Dann machte Karl Stolz 1963 eine Reise hinüber in die DDR, er nahm den Zug zurück über Erfurt und versuchte, Gustl aufzuspüren. Sie sollte sich aufs neue verheiratet haben, aber er kannte ihren neuen Familiennamen nicht und die Suche war vergeblich.

In Erfurt traf er einen Schwager und gab ihm den Auftrag, Augusta Stock zu finden. Aber auch der Versuch des Schwagers lief ins Nichts.

Ich sage, daß ich eine Adresse mithabe, die ich von Karl Stock bekommen habe, wo die Anneliese leben soll.

Aber auch die Familie in Rinteln hat nichts anderes gehört als daß Frau Augusta Stock 1965 an Krebs gestorben war und daß die Tochter verheiratet sei und in Erfurt wohnen soll.

Anneliese

Ein D-Zug bringt mich nordwärts nach Bebra, von dort hat ein anderer Zug Anschluß zur Zonengrenze, nach Gerstungen, einem von den wenigen Orten, wo man hinüber in die Deutsche Demokratische Republik gelangen kann.

Ich reise ostwärts mit einem Zweifel: Hat das hier irgendeinen Zweck, die Tochter von einem, der fiel, bevor sie selbst zur Welt kam, aufzusuchen? Er war ein Mensch, den sie nie gekannt hat. Braucht sie die Auskünfte, die ich mithabe? In einem Brief, den ich von Günther Hölscher bekommen habe, schreibt er über *seinen* Vater: »Als ich ein halbes Jahr alt war, starb Vater in Riga, es war gegen Ende des ersten Weltkrieges. Alles, was ich über meinen Vater weiß, habe ich von meiner Mutter. Und jetzt, da auch sie tot ist, habe ich nur ein paar Bilder von meinem Vater und es gibt niemanden, mit dem ich über ihn reden kann. Für die nächste Generation werden diese Bilder überhaupt keine Bedeutung mehr haben, und das ist wohl der notwendige Gang des Lebens . . .

Für diese Anneliese kann wohl Willy Stock auch nicht anderes als ein Bild sein. Oder?

Der Zug verringert die Geschwindigkeit, gleitet in eine riesige Schleuse aus hohen Drahtzäunen. Hält an. Draußen hört man das scharfe Gebell von Schäferhunden. Das Bahngebiet beherrscht ein Wachtturm, auf einer Brücke gehen Soldaten mit schußbereiten Maschinenpistolen hin und her.

Die westdeutschen Schaffner verlassen den Zug, neues Personal von der Deutschen Reichsbahn kommt in den Zug. Von einer Wachtstube kommt eine Schar Volkspolizei in hellgrünen Uniformen, dunkelgekleidete Zöllner folgen auf ihren Fersen.

Eine nervöse Stille senkt sich über den Zug, wir warten.

Niemand darf die Wagen verlassen. Man hält sich im Abteil. Die Tür fliegt auf, die Polizisten wimmeln durch die Wagen, kontrollieren alle Schlupfwinkel. Prüfen die Pässe, sehr genau, dann kommen die Zöllner. Zu meinem Abteil ein älterer Beamter. Er geht das Gepäck genau durch, reißt meine Dokumentenmappe aus dem Koffer heraus, breitet Bilder, Briefe und Papiere aus: Was ist das?

Er ist brüsk, ich fühle mich nicht wohl, die Papiere sind wichtige Steine in Øysteins und meinem Puzzle.

Nervös fange ich an zu erzählen, worum die Sache geht. Der Zöllner sieht aus, als ob er mich anhalten will, aber dann fängt er an, zuzuhören. Ich erzähle, daß ich nach der Tochter von einem suche, der in Norwegen gefallen ist. Der Zöllner hört mir zu, ohne etwas zu sagen, blättert flüchtig durch die Papiere. Hat er selbst einmal so etwas erlebt? Auf jeden Fall sagt er plötzlich: »Ich hoffe, daß Sie sie finden. Ich wünsche Ihnen viel Glück.«

Dann geht er in das nächste Abteil hinein, ist brüsk wie zuvor.

Es ist später Nachmittag, als der Zug Erfurt erreicht. Ich bin unruhig, begehe mich gleich auf die Suche in die fremde Stadt hinein. In der Hand habe ich den Zettel von Karl Stock mit der Adresse. Ein Brief ist vorausgegangen, ob sie ihn wohl bekommen hat? Ich hatte geschrieben, daß ich sie gerne treffen möchte, in meiner Mappe liegt die Antwort auf viele Fragen, die sie sich gestellt haben muß.

Straßauf, straßab, ich werde eine wachsende Unruhe nicht los: erfahren zu müssen, daß die Reise vergeblich gewesen ist, Karl Stolz hatte auch einmal ohne Erfolg gesucht . . .

Ich suche mehrere Stunden, keiner will von der Straße, die ich suche, gehört haben. Endlich ist da jemand, der helfen kann, ich war am genau entgegengesetzten Ende der Stadt gelandet. Der Straßenname war falsch geschrieben. Nach einer erneuten Stunde Suche biege ich von einer etwas mitgenommenen Hauptstraße ab, hinein in eine ruhige Seitenstraße mit vierstöckigen Mietshäusern. Wären da nicht die wenigen Autos, die geparkt, stehen, alle von der Marke Wartburg oder Trabant, die Straße könnte irgendwo in Oslo sein. Dann finde ich Nummer 28, suche auf den Klingelknöpfen, sehe den Namen, nach dem ich suche.

Ich klingele, niemand antwortet. Erst nach mehreren Versuchen summt es in der Haustür, ich kann in den Aufgang hineingehen, der ist schmal und liegt im Halbdunkel. Ich lese an den Eingangstüren, Stockwerk für Stockwerk: Falck, Altmann, Wendel, Müller.

Erst als ich im Treppenhaus fast ganz oben angekommen bin, fühle ich, daß ein Mensch unbeweglich auf dem obersten Treppenabsatz steht. Ich habe noch eine halbe Treppe vor mir, halte an und schaue hinauf.

Sie hält mit beiden Händen das Geländer umklammert, versucht etwas zu sagen, aber kann es nicht. Sie ist dünn, fast mager, hat Augen, die traurig sind, und sie hat gerade geweint. Wir stehen einige Sekunden die halbe Treppe von einander im Halbdunkel, dann gehe ich hinauf und strecke die Hand aus.

»Anneliese?« frage ich unnötig. Sie beißt sich in die Unterlippe und nimmt meine Hand nicht. Statt dessen fängt sie lautlos zu weinen an, sie steht nur da und zittert, und ich nehme sie zu mir heran.

Dann will sie tapfer sein und lächelt, sagt:

»Sie müssen wirklich entschuldigen. Sie dürfen sich um mich keine Gedanken machen, ich habe Ihren Brief bekommen. Sie sollten wissen, daß ich gewartet habe, es ist gut, daß Sie jetzt gekommen sind, ich kann kaum glauben, daß es wahr ist, alle diese Jahre und so . . .«

Sie führt mich in die Wohnung hinein: »Jetzt müssen Sie sich setzen, Sie müssen müde sein nach der Reise, was kann ich Ihnen anbieten?«

Sie ist angeregt, lacht und weint abwechselnd, zeigt auf einen Strauß auf dem Wohnzimmertisch:

»Sehen Sie die Blumen, sie sind nicht mehr so schön, ich habe sie heute morgen gekauft, ich bekam Ihren Brief, rechnete aus, daß es heute war, daß Sie kommen würden. Ich war sicher, daß es mit dem Flugzeug sein würde, ich bin zehn Stunden auf dem Flugplatz mit diesen Blumen gestanden, es war ein bißchen dumm, nicht wahr? Und ich war so enttäuscht, daß Sie mit keinem der Flugzeuge kamen, ich habe mehrere Nächte nicht geschlafen, ich war so gespannt, aber bevor Sie klingelten, muß ich trotzdem eingeschlafen sein. Meine Haare sehen nicht besonders aus! Nichts für ungut!«

Sie lächelt unsicher und fügt hinzu:

»Erich, mein Mann, ist auf Abendschicht, wir treffen ihn später. Die Kinder sind im Sommerlager, sowohl Petra als auch Thomas, hier ist es ein bißchen still. Jetzt mache ich uns einen Kaffee.«

Ich setze mich an den Küchentisch, sie tut Kaffee in die Mühle, jetzt wird sie eine Tasse spendieren, um sich zu erholen. Und ich sitze an diesem Küchentisch, als ob ich hier schon viele Male vorher gesessen hätte, wir haben beide so viel zu erzählen und bald ist es, als ob ich sie seit vielen Jahren gekannt hätte. Und in gewisser Weise ist es auch wahr.

»Vor ein paar Jahren habe ich einen Brief von Onkel Karl in Rinteln bekommen, der über die Nachforschungen in Norwegen berichtete. Es war das erste Mal, daß ich erfuhr, was mit Vater geschehen war. Kommen Sie!«

Sie führt mich in ihr und Erichs Schlafzimmer hinein, an der einen Wand hängt eine große Fotografie in einem versilberten Rahmen. Die gleicht nicht dem unpersönlichen Paßbild, das ich in Rinteln gesehen hatte. Diese Fotografie zeigt einen Mann, der wohl streng aussieht, aber der einen etwas traurigen Zug um den Mund hat, er ist in Uniform, aber mit den Augen ist er ein Mensch.

»Das ist das, was ich von Papa habe«, sagt sie, »ich bin mit diesem Bild aufgewachsen; als ich klein war, versprach Mutter, daß er eines Tages zu uns nach Hause zurückkommen würde, und er sah deshalb ein bißchen traurig aus, erklärte Mutter, weil er nicht bei uns beiden sein konnte. – Später, als ich größer wurde, bekam das Bild etwas Unwirkliches. Es war wie auf etwas zu warten, von dem man wußte, daß es nie geschehen konnte, obwohl der Gedanke Mutter nie los ließ. Bis ganz zuletzt, bis sie starb, hat sie gewartet.«

»Weil sie gehört hatte, daß ein Wahrsager gesagt hatte, daß er lebte?«

»Ja.«

»Aber, so viele Jahre nach dem Krieg, das konnte doch nicht stimmen . . .«

Anneliese streichelt die Kante des Bilderrahmens, beißt sich wieder in die Unterlippe. Nach einer Weile sagt sie:

»Viele, viele Jahre nach dem Krieg kamen noch welche zurück. Ja, es soll angeblich noch immer passieren, daß jemand aus dem Osten zurückkehrt.«

»Und dann komme ich hierher, mit meinen Bildern und Papieren, ich habe ein Foto von seinem Grab mit, muß es nicht schmerzen, daß ich hier auftauche?«

»Ja, es ist schmerzhaft, aber ich bin trotzdem froh, daß Sie gekommen sind.«

»Erzählen Sie doch von Ihrer Mutter!«

Anneliese zeigt mir Bilder von Gustl Stock, einer außerordentlich schönen Frau.

»Mutter heiratete wieder nach einigen Jahren. Sie hatte dann wohl *eigentlich* aufgehört, zu glauben, daß Vater zurückkommen könnte, und viele sagten zu ihr: Du solltest heiraten, Gustl, dann brauchst du nicht alleine zu sein. So nahm sie einen, zum Schluß. Einen, der auf eine Anzeige antwortete. Aber sie wurde nicht glücklich mit ihm. Sie bekamen einen Sohn zusammen, aber plötzlich, eines Tages, verschwand der Mann, er ist einfach abgehauen. Wir hörten später, daß er sich in einer anderen Stadt weit weg niedergelassen hatte.

Ich glaube, daß die neue, unglückliche Ehe und die einsame Zeit nachher der schmalen Hoffnung neue Nahrung gab, die Mutter trug, daß der einzige, den sie geliebt hatte, nach Hause kommen würde. Es war etwas fast Verzweifeltes an der Art, wie sie sich an diese Hoffnung klammerte, die der Wahrsager in Hohenhausen uns gegeben hatte.

Und deshalb müssen Sie verstehen, wenn ich weine, wenn Sie kommen. Soweit ich mich zurückerinnern kann, waren die Tage davon geprägt, daß Mutter unglücklich war. Sie kapselte sich irgendwie in ihre einsame Trauer ein, erst in den letzten Jahren bekam sie einen guten Freund, er war viel älter als sie, und sie heirateten nicht. Aber er bedeutete, daß sie zur Ruhe mit sich selbst kam. Ich glaube nicht, daß sie so unglücklich war, als sie starb, wie sie war, als ich klein war.«

Anneliese holt Haufen von Alben, Schachteln voller Bilder hervor: Willy Stocks Soldatenzeit, Gustl und Willy als Neuverlobte, Kleinkinderbilder von Anneliese. Es ist etwas Vertrautes um sie; es sind Bilder, wie sie alle Familien haben.

Sie und ich sind ziemlich gleichaltrig, ihre und meine Eltern ebenfalls, die Bilder zeigen Lächeln, Freude, Ernst, Festlichkeit. Es ist kein so großer Unterschied bei so einem Album, ob es in einem Bücherregal in Erfurt oder in einem Schrank in einem Haus in Norwegen steht.

Ich blättere in den fernen Jahren und sehe auch andere Bilder vor mir: Mein eigenes Album von sorglosen Tagen als Junge auf Jeløen, dorthin kam der Krieg nie in irgendeiner nennenswerten Weise. Ich erinnere mich an einen Abend, an dem ich bei Jacob Jøndal in Lora gesessen und in seinen alten Fotografien geblättert hatte, vielleicht vor allem die von einer Mutter mit kleinen Kindern vor dem Sarg des Vaters draußen auf einem ärmlichen Vorhof. Ich sehe vor mir den Mann, der die Stiefel von einem Toten abgedreht hatte, von der Frau, die drei Gefangenen vor einem zerbombten Haus in Åndalsnes Milch zu trinken gab. Ich schaffe es nicht, alles zu ordnen, hier blättere ich die schwarzen Seiten mit kleinen Fotos durch, die altmodische Wellenkanten haben. Dann taucht eine neue Erinnerung hervor: die steingrauen Reihen in Alfaset.

All das sind Stückchen von sinnlosen Zufälligkeiten. Warum töten wir einander?

Es ist spät geworden, als Anneliese sagt:

»Wir werden Tante Leni Guten Tag sagen!«

Ich sehe wohl etwas fragend aus, aber sie wiederholt: »Ja, doch, es macht nichts, daß es spät ist.«

Wir fahren, die Straßen sind halbdunkel unter einer sparsamen Beleuchtung. Ich habe längst jede Orientierung verloren, als wir eine Höhe in einem anderen Randgebiet der Stadt erreichen, es ist der Flughafen, der alte Fliegerhorst des KG 4 »General Wever«.

Hier ist kein Verkehr mehr so spät, alles wirkt verlassen. Nur der blaue Schimmer der Landelichter wirft ein unwirkliches Licht. Anneliese zeigt auf die gespensterhafte Fläche hinaus:

»Hier war es, wo Vaters Staffel lag, wir wohnten selbst in einer Straße gleich unterhalb . . .«

Und jetzt biegen wir in eine kleine Villenstraße ein, halten vor einer Wohnung, wo eine freundliche und gut gelaunte Frau um die Sechzig aufmacht. Anneliese stellt vor: »Tante Leni, hier ist der, von dem ich Dir erzählt habe, der über Vater berichten kann.«

Und für mich: »Tante Leni und ich waren Nachbarinnen, sie war eine Art zweite Mutter, als wir alleine waren, und jetzt ist sie die Nächste, die ich habe!« Tante Lenis Mann holt Schnaps und vier feine Kristallgläser heraus, prostet zum Wohlsein, Willkommen!

Tante Leni strahlt eine seltene Wärme aus, sie muß ein gütiger Mensch sein. Sie sitzt im Sofa und hält Anneliese an der Hand und erzählt mir über lang vergangene Jahre.

»Oh doch, Anneliese ist hier ein und aus gestapft, seit sie zu gehen gelernt hatte. Die Stocks wohnten quer über die Straße, und Gustl und ich hatten einander gekannt, seit wir junge Mädchen waren, wir standen im selben Geschäft und bedienten. Eines Tage kam ein junger Unteroffizier in den Laden, wollte einige Kleinigkeiten kaufen. Er war elegant und gutaussehend, meinten Gustl und ich. Während er aussuchte, was er kaufen wollte, scherzte er mit uns, es wurde ein munterer Handel. Er kam wieder zu unserem Laden, wir waren alle beide ein bißchen hingerissen. Ich selbst bin dunkel und Gustl war blond, sie gewann, und die zwei schlossen sich zusammen. Ich habe nie welche gesehen, die so verliebt waren«, lacht Tante Leni. »Ich erinnere mich, daß er eines Tages kam und erzählte, daß er eine ganz kleine Wohnung erwischt hatte, ob sie sich vorstellen könnte, zu heiraten? Sie waren sehr beschäftigt damit, zu putzen und einzurichten, als der Krieg kam. Dann wurde es doch nur der kurze Weihnachtsurlaub, und nachher kam er nicht mehr zurück. Die Gegend hier herum war voller Fliegerfamilien, und wenn die Männer draußen im Dienst waren, halfen wir Frauen einander, so gut wir konnten, das war Freundschaft, kann ich Ihnen sagen. Die Ungewißheit, die langen Pausen zwischen den Briefen und anderen

Nachrichten, und so ab und zu die grausame Mitteilung an eine, die alleine blieb. Wir weinten viele Male zusammen, deine Mutter und ich, Anneliese. Und ich erinnere mich, wie du der Liebling der Flieger auf dem Horst warst – du sagtest zu allen Papa!«

Tante Leni fährt fort:

»Dann kam die Zeit, als es für Deutschland nicht mehr so gut ging. Englische Flugzeuge fingen an zu kommen, die Bomben fielen auf und um den Flugplatz. Mehrere Häuser in unserer Straße wurden getroffen. Das Nachbarhaus bekam einen Volltreffer, die ganze Familie wurde getötet. Das erste Wort, das du zu sagen lerntest, war Fliegeralarm. Und als das ganze vorbei war und unsere Männer anfingen, nach Hause zu kommen, gingst du herum und erzähltest, daß jetzt bald dein Papa auch kommen würde. Du gingst auf eigene Faust hinauf, um nach ihm zu sehen . . .«

Ich bleibe zwei Tage in Erfurt, bevor meine Aufenthaltsgenehmigung abläuft. Den letzten Abend bin ich wieder zu Gast bei Anneliese, Erich hat einen freien Abend, und als ich komme, ist er im kleinen Hintergarten des Mietshauses voll beschäftigt damit, zu grillen. Beefsteak und Rotwurst, es soll nicht gespart werden.

Wieder gefühlvolle Stunden, wir trinken Brüderschaft, es ist eine Freundschaft geknüpft worden, an der man sich noch später wärmen kann. Es kann lange dauern bis zum nächsten Mal; die DDR ist weit weg.

Wir reden über unsere Kinder, darüber, was wir arbeiten, was wir in den Ferien machen, wir werden miteinander bekannt.

Früh am nächsten Morgen geht mein Zug westwärts. Im Gedränge auf dem Bahnsteig erblicke ich Anneliese, sie hat ein paar Stunden von der Arbeit freibekommen, will sich verabschieden.

Sie hat Reiseproviant für mich mit, ein Paket mit belegten Broten, eine Thermosflasche mit etwas Warmem zusammengepackt. Ich muß alle grüßen, die geholfen haben, das mit dem Flugzeug herauszufinden. Ganz besonders Øystein.

Der Zug kommt, die schwere russische Diesellokomotive hüllt uns einen Augenblick in graue Abgase. Anneliese hält meine Hände fest umschlossen, jetzt weint sie wieder: danke dafür, daß Du gekommen bist, danke dafür, daß ich alles erfahren habe.«

Dann werden wir von kreischenden Lautsprechern übertönt, eine Pfeife schrillt.

Epilog

Die Birken haben gerade begonnen, gelb zu werden, und das Heidekraut hat auch die ersten Flecken des Herbstes bekommen, langsam wird es auf den langen Berghängen am Lortal entlang feuerrot.

Die Luft hat eine blaue und glasklare Kühle, von dieser merkwürdigen Art, die Zeit und Raum zusammenzuziehen scheint.

Ganz innen im Tal zeichnet Skarvedalseggen seinen scharfen Gletscher gegen den Himmel. Letzte Nacht war neues Eis in kleinen Kissen zwischen fetten Grashaufen gelegen, aber wie der Tag voranschreitet, steht eine satte Wärme um die Almpferche, wo das Vieh zupft, was nach einer späten Ernte übriggeblieben ist. Bald werden Menschen und Vieh in das Dorf zurückkehren, aber noch tönt es von Eimern und Holzgefäßen nach der Morgenfütterung, der Rauch von den verwitterten Sennhütten zieht hauchdünn in die Luft und duftet nach verbrannter Birkenrinde.

Eine kleine Gruppe ist auf dem Weg die steile Steigung hinauf die Gjelåtåe entlang. Es geht nicht schnell – ständig halten die vier an, die da gehen, schauen hinaus in die Weite, wechseln einige Worte.

Der sechzig Jahre alte, pensionierte Oberstleutnant Günther Hölscher meint, daß der Aufstieg doch etwas anstrengt. Nicht, daß er es versäumt hätte, sich in Form zu halten, seitdem er vor einigen Jahren vom aktiven Dienst in der Bundeswehr abgegangen war, aber in den Hügeln um Weinheim herum spazieren zu gehen ist etwas anderes, als dieser knallharte Berghang hinauf gegen Digervarden. Er hat nichts dagegen, daß Øystein Mølmen anhält, zeigt, die ständig neuen Gipfel und Rücken erklärt, die am Horizont emporsteigen, als wir Höhe gewinnen.

Der Deutsche nickt, er erinnert sich strahlend klar an alles, es ist sicherlich anders, die Landschaft ohne Schnee zu sehen, aber er hat keine Schwierigkeiten, festzustellen:

»Da gingen wir, da – und da.«

Einige Stunden davor haben wir uns auf dem Bahnhof von Dombås getroffen. Øystein und ich hatten keine Schwierigkeiten, »den Langen« wiederzuerkennen, als er zusammen mit seiner Frau aus

155

dem Zug stieg. Der Oberfeldwebel, den wir von Bildern kennen, die er uns geschickt hatte, ist vierzig Jahre älter geworden, aber er sieht immer noch groß aus, es ist das gleiche starke Gesicht mit den etwas zugekniffenen Augen, die gleiche ruhige Sicherheit, die wir aus den Bildern von damals lesen konnten.

Es war ein merkwürdiger Augenblick, als er und Øystein sich auf dem Bahnsteig die Hände reichten, auch dieses Mal waren nicht viele Worte notwendig.

»Sie sollen willkommen sein«, sagte Øystein, und fügte mit einem schelmischen Blick hinzu: »Auf unbewaffnete Aufklärung dieses Mal.«

Øystein hatte die zwei eingeladen, die schon lange eine Reise nach Norwegen geplant hatten. Sie haben jetzt einen Abstecher von ihrer Reisegesellschaft in Lillehammer gemacht, um den Mann zu treffen, der das Rätsel der 5J+CN gelöst hat.

Es sind 700 Meter Steigung vom Lortal hinauf zum Gjelåtbotn, das Gelände ist nur Stein und wieder Stein, man muß vorsichtig auftreten, um den Fuß hier in dem kargen Geröll nicht zu verrenken.

Es vergehen mehrere Stunden, bevor wir die leicht geneigte Schulter erreichen, wo das Flugzeug einmal gelegen hatte. Da das Wrack entfernt worden war, ist es nicht leicht, den Landeplatz wiederzufinden, aber ein scharfes Auge kann erkennen, daß die Flechte an den Steinen in einem Umkreis von dreißig Metern verschwunden ist: Als das Benzin aus den Tanks leckte und hinunter in das Geröll lief, tötete es die spärliche Vegetation auf Jahrzehnte hinaus.

Vor einiger Zeit hat jemand ein Kreuz aus Kiefernbalken am Ort errichtet und hat Willys Namen eingeschnitzt.

Hölscher geht das letzte Stück allein, hält an, ich sehe, daß er mit den Jahren etwas gebeugt im Rücken geworden ist, und er sieht jetzt etwas einsam aus.

Aber er will sich nichts anmerken lassen, bald ist er eifrig damit beschäftigt, Kleinigkeiten aus dem Geröll zu klauben, eine paar leere Patronenhülsen, ein Stück Plexiglas, einige graue Flocken Aluminium.

»Ich muß wohl ein paar Andenken für Stolz und Gumbrecht nach Hause mitnehmen«, lächelt er, und fragt, ob Øystein auf einige der Stückchen einen Gruß schreiben möchte.

Obwohl die Luft hier oben scharf ist, ist noch gute Wärme in der Sonne, wir haben Essen und Kaffee mit uns, setzen uns eine Stunde nieder.

156

Hölscher rollt die Begebenheiten auf, er hat ein kristallklares Gedächtnis, erinnert sich selbst an kleine Details mit fabelhafter Sicherheit. Er kann alle Vermutungen von Øystein der Reihe nach bestätigen – oder sie korrigieren. Er beschreibt den letzten Flug, den Kampf mit den »Skua«, die Landung, alles so lebendig, daß wir zurück an diesen schicksalsvollen Tag versetzt sind.

Er erzählt von sich selber, wie er eigentlich daran gedacht hatte, Lehrer zu werden, aber wie dann die Wehrpflicht in den Weg kam. Mit 19 Jahren wurde er Rekrut in der Luftwaffe, dann wurde er als Navigatorschüler aufgenommen, wurde Beobachter auf dem Bombenflugzeug.

»Jung wie wir waren, gingen wir mit Begeisterung an unsere neue Arbeit. Wir glaubten an das neue Deutschland, das sich nach dem erniedrigenden Versailler Frieden erheben sollte. In der Schule, als wir klein waren, mußten wir jeden Morgen neben unseren Schulbänken stehen und im Chor die am meisten demütigenden Punkte des Vertrags aufsagen. So etwas hinterläßt Spuren. Und erinnern Sie sich, daß ein Teenager leicht zu formen ist – ich war 15, als Hitler an die Macht kam. Wir glaubten an das, was er uns versprach. Als wir nach Polen einrückten, wurde gesagt, daß wir dazu provoziert worden seien, als wir nach Norwegen zogen, war es, weil unser Vaterland von den Alliierten an der Flanke im Norden bedroht war. Heute hört sich das komisch an, aber wir glaubten, daß wir nur, um unser Vaterland zu verteidigen, in den Krieg zogen. Daß ich seitdem gesehen habe, zu was für Unheil blinder Patriotismus führen kann, ist eine andere Sache. Wir machen alle eine Entwicklung durch, die man wohl am klarsten sieht im Licht dessen, was die Geschichte uns gelehrt hat, eine Einsicht, die, hoffe ich, auch in der Zukunft Bestand haben wird.

Als ich nach der Gefangenschaft nach Hause kam, hatte ich mehrere Arbeitsplätze in Hamburg und Weinheim. Aber als die Bundeswehr aufgestellt wurde, fand ich mich bei der neuen Luftwaffe ein. Während der Überfahrt nach Kanada war ich zum Leutnant befördert worden, ich war also Offizier, und es war gar nichts Unnatürliches daran, eine Fortsetzung der Militärlaufbahn zu wählen. In den letzten Jahren des Dienstes war ich beim Verteidigungsministerium in Bonn. Da bekam ich die Möglichkeit, mit einer Reihe von Offizieren aus anderen Ländern bekannt zu werden, mit denen wir Krieg geführt hatten. Ich erlebte nie, daß von irgendeiner Seite Gefühle von Groll gezeigt wurden für das, was während des letzten

Weltkrieges geschehen war, ein Krieg, der schrecklich war für alle, die er heimsuchte.«

»Auch für Norwegen«, fügt er hinzu.

Wir begeben uns auf den Rückweg. Ich bemerke, daß Hölscher langsamer wird und zurückbleibt. Er will vielleicht eine Weile für sich allein sein, aber etwas bewegt mich trotzdem, anzuhalten und zu warten, während Traude Hölscher und Øystein voraus zum Tal gehen. Er will mir etwas sagen, aber die Stimme gehorcht nicht.

Ach so – deshalb war er langsamer gegangen, als wir anderen uns von der Markierung mit dem Kiefernkreuz entfernten.

Wir gehen ein langes Stück still nebeneinander. Dann sagt er:

»Ich würde gerne dem Dank sagen, der dieses Kreuz über unserem toten Kameraden errichtet hat. Nicht so sehr, weil Willy Stock ein Freund von mir war, ich kannte ihn nicht sehr gut. Aber weil das Kreuz von Angehörigen Ihres Volkes errichtet worden sein muß, nicht wahr? Des Volkes, gegen das wir Bombeneinsätze flogen.

Herr Nilsen, aus dem Krieg erinnere ich mich an zwei Dinge besonders gut. Das eine Mal war, als der alte polnische Sergeant uns bat, unsere Mützen abzunehmen, damit wir nicht als Deutsche erkannt und von den Polen gelyncht werden würden, für das, was wir ihnen angetan haben. Das andere ist die Erinnerung an die alte Frau in Åndalsnes, die uns Milch zu trinken anbot, draußen vor dem Haus, das von Deutschen zerstört worden war. Und jetzt dieses Kreuz. Danke.«

Er legt die Hand auf meine Schulter, wir gehen weiter hinunter, unter uns öffnet sich das Lortal in seiner schönen Weite, im Süden leuchten die Schneeberge von Jotunheim. Ostwärts blaut Rondane.

Wir finden wieder den Pfad hinunter, die Bachfelsenschlucht entlang, das Wasser, das tief unten im Felssturz zerschlägt, sendet tanzenden Wasserdunst zu uns herauf. Wir halten noch einmal an, um die Aussicht zu genießen. Hölscher sagt:

»Es gibt eigentlich keinen Haß zwischen Völkern, zwischen Menschen verschiedener Nationalitäten. Nur wenn die, die steuern und regieren, die Gefühle des Hasses anzünden und auf ihnen spielen, töten wir einander im Krieg.«

Dann fügt er hinzu, als er meine Hand nimmt:

»Danke dafür, daß wir heute hier herauf kommen durften.«

Wir erreichen die anderen wieder, und er bemerkt zu Øystein:

»Ein etwas besserer Weg heute als das letzte Mal . . .«

158

Quellen

Bücher

Cajus Bekker: Angriffshöhe 4000, Hamburg 1964.

Eric Brown: Wings of the Luftwaffe, London 1977.

T. K. Derrz: The Campaign in Norway, norwegische Ausgabe, 1953.

William Green: Famous Bombers of the Second World War, London 1959.

Walter Hubatsch: Weserübung, Göttingen.

J. L. Moulton: The Norwegian Campaign of 1940, London 1966.

O. Munthe-Kaas: Krigen i Norge, 1940, 1955.

Alfred Price: The Bomber in World War II, Oxon 1976.

Rolf Larsen: 1940. En kort oversikt over hendelsene i aprildagene på Åndalsnes, Veblungsnes, Verma og Dombås. Eget forlag, Andalsnes 1970. (1940. Eine kurze Übersicht über die Geschehnisse der Apriltage in Åndalsnes, Veblungsnes, Verma und Dombås, Åndalsnes 1970.)

Aus anderen schriftlichen Quellen baut das Buch in der Hauptsache auf dem Material auf, das Øystein Mølmen durch private Nachforschungen über fast vierzig Jahre gesammelt hat. Das Material umfaßt Korrespondenz, Presseausschnitte, Notizen, Tonbandaufnahmen und ähnliches.

Weiterhin hatte ich unschätzbare Hilfe von einer umfangreichen Korrespondenz zwischen Bjørn Olsen, Norsk Flyhistorisk Forening (Norwegischer Verein für Fluggeschichte) und Richard Chapman, Kaufbeuren in Bayern.

Der Bericht des Oberstleutnants Günther Hölscher vom Feldzug in Polen wurde in teilweise bearbeiteter Form benutzt.

Magnus Jøndal, Lora, hat seine Tagebuchaufzeichnungen vom April 1940 zur Verfügung gestellt.

Das Buch baut im übrigen auf Interviews mit einer Reihe von Personen auf, von denen ich besonders Günther Hölscher, Richard Gumbrecht, Gertrud und Karl Stolz, Willy Stocks Tochter Anneliese und Karl Stock nennen möchte.

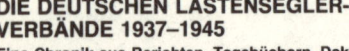